CANAL DE GAP

MÉMOIRE

Lettre adressée à **M. VARROY**, ministre des travaux publics, par **M. GARNIER**

EN RÉPONSE

A la signification qui lui a été faite le 3 juillet 1880, d'une Délibération du Conseil général des Ponts et Chaussées.

PARIS

TYPOGRAPHIE TOLMER ET Cⁱᵉ

3, RUE DE MADAME, 3

—

1880

CANAL DE GAP

MÉMOIRE

Lettre adressée à M. VARROY, ministre des travaux publics, par M. GARNIER

EN RÉPONSE

A la signification qui lui a été faite le 3 juillet 1880, d'une Délibération du Conseil général des Ponts et Chaussées.

---

p481

PARIS

TYPOGRAPHIE TOLMER ET Cie

3, RUE DE MADAME, 3

1880

MONSIEUR LE MINISTRE,

La délibération du Conseil général des ponts et chaussées que vous avez portée à ma connaissance par la lettre que vous m'avez fait l'honneur de m'écrire le 3 juillet dernier répond si peu aux nécessités de la situation qui existe entre l'Administration, les propriétaires riverains et moi, au sujet du canal de Gap, que, je l'avoue franchement, je suis encore à me demander, après plus de deux mois de réflexions, quel a pu bien être, *à tous les points de vue*, l'esprit qui l'a inspirée. Les *besoins de l'agriculture* exigeaient une solution dont l'effet fût immédiat; c'est ce qu'il me serait facile de démontrer; mais ce n'est pas moi qui ai charge de veiller à ce qu'il est bon de faire de ce côté-là; je n'ai à m'occuper de la question qu'à mon point de vue personnel.

Or, dans cet ordre d'idées, il est impossible que je reste sous le coup de l'ajournement d'abord, des menaces ensuite qui ressortent de la délibération du Conseil général. Les menaces, bien que leur réalisation ne soit pas possible, on verra tout à l'heure pourquoi, ne créent pas moins un empêchement majeur à toute solution de quelque nature qu'elle puisse être; quant à l'ajournement, il est désastreux pour moi. Aussi je veux, *une fois pour toutes*, faire une lumière complète sur la question. Le *très grave* inconvénient de ce qui se passe depuis quelques années est de tout mettre en suspens et de compromettre, par là, l'intérêt public, *ce qui devrait toucher l'Administration*, et mes propres intérêts, *ce qui me touche personnellement*.

Je sais, monsieur le Ministre, que vous me permettez de vous parler avec une entière franchise; je n'ai d'ailleurs que ce moyen pour *mettre le doigt sur la plaie* et y porter le fer qui, je l'espère, la cautérisera. Dans tous les cas, pour avoir la liberté d'allure qui m'est indispensable, il faut que je sépare le Ministre de cet être impersonnel et irresponsable qui s'appelle l'Administration.

Le Ministre est bienveillant, ce qui veut dire juste. Il ne m'aurait jamais fait subir, comme l'a fait l'Administration depuis quelques années, par la plus criante des injustices, tous les martyrs, toutes les tortures qu'un malheureux père de famille puisse endurer. C'est arrivé au point de soulever l'*indignation*, le mot n'a rien d'exagéré, de toutes les personnes compétentes qui connaissent la situation, et elles sont très-nombreuses et même des plus haut placées.

Je suis moi-même en proie à la plus vive des émotions; or, comme je serais désolé d'avoir jusqu'à la simple apparence d'un tort à votre égard et que je sens que, malgré les efforts que je ferai pour garder toute mesure dans ma discussion, il serait possible que l'expression vint, par sa vivacité *et sans que je m'en rende bien compte*, trahir ma volonté, je fais à l'avance appel, si cela arrivait, à toute votre indulgence pour m'excuser.

Pour dire toute ma pensée, j'ai l'intention d'en appeler de l'Administration au Ministre; c'est donc un acte de procédure, *destiné à éclairer le juge*, que je vais rédiger; or, un pareil acte demande une liberté complète dans les appréciations et dans la discussion ; cette liberté est sa substance même.

§ Iᵉʳ

CONSIDÉRATIONS GÉNÉRALES.

La question du canal de Gap n'est pas encore connue.

1. — Je viens de parler de mon intention de faire une lumière complète sur la question du canal de Gap. *Cette question n'est pas connue*, en effet, au moins dans les détails qui sont de nature à l'éclairer, bien qu'elle s'agite depuis trop longtemps. Ma conviction est inébranlable à cet égard ; autrement, ma conscience de juriste se révolterait à la pensée qu'un grand corps comme le Conseil général des ponts et chaussées a pu, *ayant une parfaite connaissance des éléments juridiques de la cause*, rendre une décision aussi profondément erronée que celle que vous m'avez fait signifier. Cette décision qui, dans une affaire aussi grave, pourrait avoir des conséquences d'un caractère si violent, appellerait alors un jugement des plus sévères de la part des jurisconsultes *qui connaissent déjà la question* et de tous ceux à qui j'aurais encore à la faire connaître.

Je voudrais, en effet, que les représentants les plus attitrés de la grande famille des juristes fussent appelés à se prononcer *sur le supplice inouï* que l'Administration fait depuis si longtemps subir à un honnête homme et à sa famille, *par des ajournements de solution prémédités, sans qu'il puisse y avoir, à ces ajournements, l'ombre de justification possible*. J'obtiendrais par cet appel aux princes de la science du Droit une décision du plus compétent des tribunaux en pareille matière, et cette décision me serait d'autant plus favorable, que c'est l'Administration elle-même qui est le *premier auteur de tout le mal*, puisque c'est elle qui, par ses obsessions, m'a fourvoyé dans l'entreprise du canal.

La délibération du conseil général des ponts et chaussées, si elle n'était entachée d'erreur profonde et injustifiable, pourrait conduire à ma spoliation et à la confiscation du canal.

2. — Que le Conseil général des ponts et chaussées me permette de lui faire observer qu'il n'est pas besoin de beaucoup de perspicacité pour découvrir au fond de sa solution, sous le déguisement dont on a pu la revêtir, la pensée qui l'a inspirée. L'Administration a voulu avoir sous la main les éléments qui, à un moment donné, et si des considérations quelconques venaient à lui en suggérer le désir, pourraient lui fournir les moyens de me dépouiller de mes droits les plus légitimes et de provoquer la confiscation de mon canal. *Heureusement, cette solution n'a pas de sanction juridique possible;* il n'est pas, en effet, *une seule* des idées sur lesquelles elle cherche à s'appuyer qui ne soit l'expression d'une erreur, ou ne repose soit sur l'oubli d'une obligation contractée, soit sur la violation d'un droit acquis.

C'est ce que je vais péremptoirement démontrer, en établissant qu'il y a eu, depuis l'origine de cette affaire jusqu'à la date de la convention de rachat de mon canal, intervenue entre l'État et moi en 1876-1877, un enchaînement d'obligations contractées *de bonne foi par l'Administration envers moi*, qui, se resserrant de plus en plus, a fini par former un faisceau de droits désormais imprescriptibles.

Tous les ministres des travaux publics, de 1863 à 1877, se sont reconnus solidairement engagés par les contrats passés par leurs prédécesseurs.

3. — Il est vrai que peu de temps après que ce contrat de rachat avait été formé, on a cherché à s'attaquer à l'œuvre de loyauté qu'avaient édifiée sur le canal les nombreux Ministres qui se sont succédés aux travaux publics pendant 14 années, de 1863 à 1877.

La solidarité qui doit exister entre tous les Ministres d'un même département, au sujet de l'exécution des contrats formés par leurs prédécesseurs, a toujours été pratiquée de la manière la plus large, en ce qui me concerne, par ces divers Ministres et dans la longue série d'actes de haute probité administrative, se rapportant à mon canal, auxquels ils ont pris part, je n'ai à m'arrêter que sur le fait, inexpliqué pour moi, que voici :

M. Caillaux, l'un d'eux, avait nommé une commission composée de MM. Aucoc et Goussard, présidents de section au Conseil d'État, Rousseau, député, aujourd'hui directeur de la navigation et des routes, Perrier et Schérer, inspecteurs généraux des ponts et chaussées, pour étudier la question du Canal. Cette commission avait conclu à la garantie par l'État des 75,000 francs de redevances (*minimum* de 30 fr. par hectare sur 2,500 hectares souscrits) que m'a assurés la convention des 3 mai — 6 juin 1873 (V. n° 39 *infra*). Cette garantie était tout à fait insuffisante pour m'indemniser, mais si, entre autres dédommagements, elle eût été exécutée *en 1875*, elle m'eût sauvé de tous les désastres qui sont venus fondre sur moi depuis cette époque; or, on l'a laissée à l'état de lettre morte. Pourquoi M. Caillaux, après avoir nommé une commission, a-t-il mis sous le boisseau ses conclusions? Voilà ce que je ne suis pas encore parvenu à comprendre.

Je sais bien que tout récemment l'Administration a voulu faire battre en brèche le rapport de cette commission. Mais c'est là *un détail intime* qui, ainsi que *beaucoup d'autres* que je possède sur les faits qui ont précédé la délibération du Conseil général des ponts et chaussées que je discuterai tout à l'heure, n'a pas de place ici.

En tout cas, M. Christophle, successeur de M. Caillaux, s'empressa de confirmer les contrats préexistants par un nouveau contrat qui, exécuté, aurait mis fin à toute difficulté. Après M. Christophle, et sous l'inspiration d'une lettre de M. Caillaux en date du 6 août 1875, sur laquelle je m'expliquerai au n° 53, *infra*, on a recommencé à chercher à miner l'œuvre des contrats formés avec moi. Mais l'œuvre résistera car elle n'a pas cessé un instant d'avoir pour auxiliaires la justice et le droit, et il me reste pour la faire triompher auprès d'un homme comme vous, monsieur le Ministre, le plus puissant des leviers : *la bonne foi*.

La bonne foi a dans le passé toujours dominé la question du canal de Gap et elle doit continuer à la dominer.

4. — Je sais bien qu'en tout état de cause, votre haute bienveillance m'est acquise et je suis heureux de trouver ici l'occasion de vous en exprimer ma respectueuse reconnaissance; mais, tout en m'en réservant le bénéfice, j'ai l'honneur de vous prier de me permettre de faire, *avant tout*, appel auprès de vous à la justice qui impose le respect des droits créés par les contrats; qui découle surtout *de la bonne foi* que l'article 1134 du Code civil prescrit d'apporter dans l'exécution de ces contrats.

La bonne foi s'impose si impérieusement, en effet, dans cette question du canal, que M. Chambreland, inspecteur général des ponts et chaussées, qui, après beaucoup d'autres, vient de s'occuper de cette affaire avec une mission que je pourrais préciser, n'a pu s'empêcher de prononcer, en présence d'un personnage qui est prêt à en témoigner et devant moi, *qui les certifie dès aujourd'hui*, les paroles caractéristiques que voici :

« Le rapport que j'ai dressé, je le devais *à ma consigne* d'inspecteur général : mais, « maintenant que j'ai accompli cet acte, ma conscience m'impose le devoir de reconnaître « que *la bonne foi doit dominer toute cette affaire*, ce qui m'oblige à déclarer que » M. Garnier est un honnête homme qui, après avoir été dupe, ne doit pas être victime. « J'ajoute que mon rapport, laissant la porte ouverte à toutes les appréciations, permet « de donner à M. Garnier toutes les satisfactions qu'il peut désirer. »

Eh bien, cette bonne foi signalée, avec tant de loyauté, par M. l'inspecteur général Chambreland comme devant me protéger, vous allez la voir, monsieur le Ministre, s'accuser à chaque pas, *de la part du gouvernement*, depuis les premières origines de l'affaire du canal jusqu'au contrat de rachat, dont, à l'encontre de la dernière solution du Conseil général des ponts et chaussées, je réclame l'exécution plus énergiquement que jamais. C'est même cette bonne foi qui, jusques et y compris ce dernier contrat, a cimenté tous les rapports qui ont existé entre l'État et moi, sous quelque forme qu'ils se soient produits, et leur a donné un caractère d'honnêteté et d'irrécusable loyauté *qui n'aurait jamais dû être méconnu.*

Trois contrats de nature différente gouvernent les rapports entre l'État et moi.

5. — Ces rapports sont, à l'heure actuelle, gouvernés par *trois contrats* de nature différente, il est vrai, mais ayant chacun sa force propre. Ces contrats, bien que s'étant succédés et ayant été versés l'un dans l'autre, si je puis m'exprimer ainsi, coexistent en ce sens que le nouveau venu n'a pas détruit celui qui l'a précédé ; il n'a fait que le confirmer. Si bien que si le nouveau venu devait ne pas produire ses effets propres, je trouverais toujours à m'appuyer sur celui qui l'a précédé.

C'est ce que je vais démontrer en passant successivement en revue ces trois natures de contrat.

---

§ II.

CONTRAT VERBAL ET DE BONNE FOI, PAR LEQUEL JE ME SUIS ENGAGÉ A CONSTRUIRE LE CANAL EN FAISANT ABANDON DES BÉNÉFICES AU GOUVERNEMENT, QUI S'EST ENGAGÉ A M'INDEMNISER DE TOUTE PERTE.

L'attestation de M. Laurens est un document qui donne la clef du contrat de bonne foi entre l'État et moi.

6. — L'attestation si précise et si honnête délivrée par M. Laurens, ancien secrétaire de la Société constituée par M. Dauchez de la Chaise pour arriver à la construction du canal, et ancien gérant de la concession de ce canal, attestation que j'ai jointe, *avec ses pièces à l'appui*, au rapport que j'ai eu l'honneur de vous adresser le 8 mai dernier et qui sera jointe ici (n° 1 des pièces annexes), est un document très-important

dont il faut se pénétrer pour avoir la clef *du contrat de bonne foi* qui va m'occuper et suivre les diverses phases par lesquelles il a dû passer.

7. — De cette attestation il résulte :

En premier lieu, que la déconfiture, arrivée en 1862, de la Société Dauchez de la Chaise provoquée par un événement (une erreur judiciaire) dont le gouvernement avait assumé la responsabilité, avait fait perdre aux actionnaires que M. Dauchez avait réunis autour de lui pour construire le canal, tout le capital versé par eux.

En second lieu, que le Ministère et l'Empereur avaient conçu un double projet : celui de *faire construire le canal* malgré la ruine de la Société qui devait faire cette construction, et celui de *rembourser aux actionnaires* de cette Société leur capital perdu, er leur allouant les bénéfices de la construction.

8. Pour atteindre ce double but, il fallait deux choses :

1° Qu'un homme de bonne volonté consentît à se dévouer à la construction d'un canal qui, depuis plusieurs siècles que l'idée en avait été conçue, n'avait pu trouver de constructeur ;

2° Que cet homme fût assez désintéressé pour renoncer aux bénéfices que cette entreprise pourrait laisser d'après les prévisions, afin que ces bénéfices pussent servir à reconstituer la partie du capital versé par les actionnaires qui avait été anéantie par suite de la ruine de la Société. (N°s 3 et 4 de l'annexe n° 1) V. n° 11, *infra*.

C'est ce double rôle qu'après beaucoup d'hésitations, je ne consentis à accepter que sur les plus vives instances du gouvernement et après *qu'il m'eût été solennellement promis* qu'il ne pourrait jamais en résulter aucun dommage pour moi.

« M. Garnier, dit l'Empereur à M. Boyer, préfet des Hautes-Alpes, d'après une lettre qui est au dossier de l'affaire, « ne doit se préoccuper en rien de sa situation vis-à-vis du « canal ; il s'est, *à ma demande*, consacré à cette œuvre avec un désintéressement au-« dessus de tout éloge, il ne faut donc pas qu'il soit victime de son dévouement. J'ai « donné et donnerai encore, s'il le faut, les instructions les plus précises pour qu'il soit « indemnisé de la manière la plus complète, non seulement de ses dépenses, mais en-« core des dommages de toute nature que le canal lui aura occasionnés. »

Le rôle de *constructeur* du canal fut donc accepté par moi, *sous la condition* que ne voulant faire aucun bénéfice, je ne devais, comme contre-partie, avoir aucun dommage à subir. Cette condition posée d'abord et plusieurs fois solennellement affirmée depuis par le Ministère et par l'Empereur, fut la base du contrat qui se forma à ce moment là, contrat *de bonne foi* au premier chef, puisque rien autre chose ne l'établit qu'une parole échangée entre honnêtes gens.

9. — Dans cet ordre d'idées, la concession me fut donnée, à la date du 14 avril 1863, d'après une demande que j'avais formée le 24 février précédent et dans laquelle *j'avais signalé l'intervention directe de l'empereur.*

Par cette demande d'ailleurs, je me réservais *formellement* (c'est essentiel à noter) le bénéfice de l'art. 18 des engagements que les propriétaires riverains avaient antérieurement souscrits pour avoir le droit d'arroser (V. annexe n° 2). Cet article portait :

« Qu'après l'approbation de la réception des travaux par le Ministre, l'association

« des arrosants sera saisie des canaux construits par le concessionnaire, *le tout aux*
« *conditions imposées à ce dernier par le décret de concession.* »

Je n'étais en réalité qu'un constructeur et nullement un concessionnaire, puisque,
aussitôt les travaux reçus, *la condition qui devait résoudre* la concession qui reposait
sur ma tête était appelée à produire ses effets.

10. — Quoi qu'il en soit, aussitôt la concession donnée, M. Depêtre, conducteur des
ponts et chaussées de première classe, fut nommé *par l'Administration* sur la proposition de l'ingénieur en chef, *Directeur des travaux du canal.*

11. — Le devis de la construction dressé par l'ingénieur en chef, évaluait la dépense
à 1,500,000 francs. C'était là le passif de l'entreprise.

Quant à son actif, il devait se composer :

D'une part, d'une subvention de 500,000 francs offerte par le gouvernement :

D'autre part, de la capitalisation de 92,000 francs de redevances à payer annuellement
pendant 50 ans, par les propriétaires riverains, aux termes des engagements ci-dessus
visés. (4,000 hectares souscrits à 23 francs par hectare.)

Cette capitalisation devait produire une somme de 1,530,000 francs qui, réunie aux
500,000 francs de subvention, présentait un total de.............. 2,030,000 francs.
Qui diminué du passif de............................. 1,500,000 —

Donnait, dès l'abord, une prévision d'excédant de recette de.. 530,000 —

Mais, pour que cet excédant pût ressortir net, il fallait trouver un entrepreneur qui,
prenant la construction du canal *à forfait*, mit l'entreprise à l'abri de tout mécompte.

L'Administration avait cru pouvoir compter là-dessus, d'après les assurances formelles
de l'ingénieur en chef et c'est ce qui eut lieu. Un entrepreneur s'étant engagé à construire
le canal à forfait moyennant 1,700,000 francs dont il devait fournir les fonds, le gouvernement put supputer *à coup sûr, toujours d'après les prévisions,* la somme qui devait
rester disponible pour couvrir la perte des actionnaires dont il se reconnaissait responsable.

Le reliquat, *calculé d'après les chiffres ci-dessus indiqués,* ayant été jugé insuffisant
de 250,000 francs, une subvention supplémentaire de pareille somme fut immédiatement
accordée, *avant qu'aucun travail eût été commencé.*

Dans ces nouvelles conditions, la recette de l'entreprise devant donc être :

1° A titre de capital des 92.000fr. de redevances souscrites, ci... 1.530.000
2° A titre de subvention, de 500,000 francs augmentés du supplément de 250,000 francs; ci.............................. 750.000
                                    Total........... 2.280.000 fr.
   Et la dépense à forfait de................................ 1.700.000

   L'excédant de recette de............................... 580.000 fr.

devait être versé dans la caisse de la Société Dauchez de la Chaise, pour couvrir la perte que les actionnaires avaient faite par suite d'un événement des conséquences duquel le gouvernement s'était reconnu responsable. (N° 4, 5 et 8 de l'annexe n° 1.)

Mon incompétence absolue en fait de travaux publics obligeait le gouvernement à faire exercer une surveillance et un contrôle sévères sur les travaux.

12. — *Telle fut la combinaison* définitivement adopté par le gouvernement et dont je consentis à me faire l'instrument. Dans cette situation, *mon incompétence absolue et nettement accusée par moi* en matière de travaux d'utilité publique me mettait dans la nécessité de m'en rapporter *aveuglément* au directeur des travaux que j'avais reçu des mains de l'ingénieur en chef et du gouvernement. C'est ce que je fis.

Aussi lorsque, plus tard, *dix ans après ce point de départ*, ce qui avait pu le faire perdre un peu de vue, *surtout après un changement de gouvernement*, on risqua la pensée de faire peser sur moi la responsabilité de certains mécomptes dans les travaux, j'écrivis à M. le ministre, à la date du 12 mai 1873, dans les termes caractéristiques que voici :

« Comme, en réalité, je n'ai jamais *été pour le gouvernement*, dans toute cette affaire, « qu'un véritable *negotiorum gestor*, je dois repousser et je repousse de la manière la « plus énergique la distinction que l'on cherche quelquefois à faire entre les dépenses « utiles et celles que l'on voudrait prétendre n'avoir pas ce caractère. Je repousse cette « distinction, parce qu'elle laisserait la porte ouverte à ces appréciations arbitraires contre « lesquelles j'ai toujours protesté.

« Mes dépenses ont toujours été utilement faites et, si des mécomptes se sont produits, « ils tiennent, ou à l'insuffisance des devis que j'ai eu à appliquer, ou à des événements « de force majeure, *des éboulements*, par exemple, qu'il n'était donné à personne de « prévenir parce qu'on ne pouvait les prévoir.

« Je me crois d'ailleurs autorisé à déclarer ici solennellement que si on pouvait « avoir la pensée d'engager en quoi que ce soit ma responsabilité à propos de certains « mécomptes dans les travaux, je serais alors *en droit d'impliquer celle de l'Adminis-« tration par rapport au contrôle de ses ingénieurs*. Je n'ai cessé, en effet, de solliciter « la sévérité de ce contrôle auprès de MM. les Ministres qui se sont succédés aux « travaux publics pendant la période de la construction, *et je sais qu'à plusieurs « reprises des instructions très-précises ont été données à cet égard*.

« Mon insistance a toujours été d'autant plus grande sur ce point, que je jugeais « *que le gouvernement, en faisant appel à mon patriotisme pour la construction du « canal*, avait toujours considéré le contrôle de ses ingénieurs, comme devant être le « correctif indispensable de mon ignorance en ces matières. Mon incompétence « parfaitement accusée m'obligeait, en effet, à avoir une confiance aveugle *dans le « directeur des travaux que j'avais reçu des mains de l'Administration* et qui était « un de ses conducteurs les plus autorisés, puisque c'était lui qui avait fait les études du « canal sous la direction de M. Houiller, ingénieur en chef, auteur du projet. » (Voir d'ailleurs n° 65, *infrà*.)

Les mécomptes successifs de l'entreprise écrasent les entrepreneurs que m'avait procurés l'ingénieur en chef, et je me trouve en-

13. — Quoi qu'il en soit, les mécomptes de toute nature qui devaient se produire au cours de cette entreprise ne tardèrent pas à s'accuser. L'entrepreneur *que j'avais reçu des mains de l'ingénieur en chef* (n° 11 de l'annexe 1), n'ayant pu faire face aux difficultés de la situation, fut obligé de céder son marché à d'autres entrepreneurs, qui, écrasés à leur tour par les imprévisions des devis *des ingénieurs de l'État*, tombèrent en

2

faillite au bout de dix-huit mois, après m'avoir mis dans la nécessité d'engager mes fonds particuliers sur la plus large échelle (n° 12 de l'annexe n° 1).

Mais les payements énormes que je fis à ce moment-là n'eurent lieu qu'après que M. de Franqueville, alors directeur général des ponts et chaussées, m'eût donné l'assurance qu'ils seraient toujours *considérés comme dépense nécessaire* parce qu'ils étaient rendus obligatoires par l'état des travaux du tunnel de Manse (3,600 mètres de longueur) qui, à cause de l'envahissement des eaux, ne pouvaient subir aucun temps d'arrêt, *sous peine de destruction*.

Or, ces payements, qui avaient eu pour but de désintéresser les créanciers les plus récalcitrants des entrepreneurs, afin d'empêcher que les travaux ne fussent suspendus *par suite de saisie*, ont été établis et déterminés d'une manière irréfragable à l'occasion d'un procès que ces entrepreneurs m'ont intenté, en 1877, devant le tribunal de première instance de la Seine, procès que j'ai successivement gagné en première instance et en appel. Aussi, toutes les difficultés de compte qui avaient pu s'élever à cet égard se trouvent aujourd'hui aplanies et il n'y a, pour être dans la vérité, qu'à prendre les chiffres apportés, discutés et finalement acceptés au cours des débats relatifs à ces procès (n° 12, 26, 27 et 28 de l'annexe n° 1).

Je demande à être déchargé de l'entreprise, mais on me decide à rester, en augmentant la subvention.

14. — Cependant la subvention qui, de 500,000 francs avait été portée à 750,000 francs, vous savez maintenant, monsieur le Ministre, dans quelles conditions, s'étant trouvée épuisée au mois de juin 1868, j'invoquai la promesse qui m'avait toujours été faite par le gouvernement, pour insister d'une manière toute particulière auprès de l'Administration dans le but *de faire liquider ma situation* et d'être déchargé de mon entreprise.

Des pourparlers eurent lieu à ce sujet, mais, comme on ne pouvait trouver que difficilement une combinaison qui fût de nature à me mettre à l'écart, on insista pour que je continuasse les travaux. J'y consentis; seulement on me dégagea de tout lien avec la société Dauchez de la Chaise et on porta la subvention à 1,500,000 francs sur la base de *la moitié* de la dépense, évaluée à 3,000,000 francs d'après une rectification du devis primitif (n° 14 et 15 de l'annexe n° 1).

Cette augmentation de subvention est un indice irrécusable *de la bonne foi* que l'Administration apportait dans l'exécution du *contrat verbal* intervenu entre elle et moi.

La subvention est portée d'une manière générale, pour les Hautes et Basses-Alpes, aux deux tiers de la dépense. Preuve de la bonne foi de administration à son égard.

15. — Au surplus, l'année suivante, au mois d'avril 1869, une décision Ministérielle ayant accordé *à tous les canaux* en voie de construction ou à construire à l'avenir, dans les départements des Hautes et des Basses-Alpes, une subvention égale *aux deux tiers* de la dépense, la lettre ministérielle, en date du 7 avril 1869, qui porta cette décision à la connaissance du préfet des Hautes-Alpes, s'exprima ainsi au sujet du canal de Gap:

« En ce qui concerne le canal de Gap dont les travaux sont fort avancés aujourd'hui, « l'Administration se réserve de prendre les mesures que commandera *la situation* « *particulière de cette affaire*, afin d'achever cette œuvre importante et de *sauve-* « *garder* les divers intérêts qui s'y rattachent. »

Il faut se reporter à ce que dit M. Laurens (n° 17 de l'annexe n° 1) d'une conférence qu'il eut, à la suite de cette lettre, avec M. Conty, chef du cabinet de l'empereur, pour reconnaître que *cette sauvegarde* des intérêts qui se rattachaient au canal, *que le gouvernement précisait si nettement*, était la consécration la plus caractéristique du contrat de bonne foi qui existait entre l'État et moi.

gagé pour de très-fortes sommes.

Aussi l'année suivante, comme j'avais besoin d'argent pour payer mes ouvriers et mes entrepreneurs, le Ministre n'hésita pas, sur mes observations, à reconnaître que le meilleur moyen de *sauvegarder* mes intérêts était de ne pas *les laisser trop en souffrance*, et ma subvention fut mise sur le même pied que celle des autres canaux et portée aux deux tiers du devis rectifié qui s'élevait maintenant à 3,000,000 francs (n° 18 de l'annexe 1).

Nouvelle demande de ma part de la liquidation de ma situation.

16. — Cependant la guerre ayant fait suspendre les travaux du canal, comme d'ailleurs tous les travaux publics en France, je m'empressai, dès que le calme fut revenu, de renouveler auprès du gouvernement la démarche que j'avais déjà faite en 1868 (v. n° 14 *supra*). Après avoir exposé la situation dans un rapport, en date du 21 septembre 1871, je demandai avec instance que le gouvernement me relevât de mon entreprise.

Projet de cession de ma concession aux arrosants.

17. — Le Ministère, après avoir étudié divers systèmes mis en avant par l'ingénieur en chef, s'inspira, comme toujours, de *sa bonne foi*. Il me mit en rapport avec les députés du département et il fut arrêté, *d'un commun accord*, que la meilleure solution était que je cédasse, *hic et nunc*, aux arrosants, la concession du canal qu'aux termes de l'art. 18 de leurs engagements envers moi, ils ne devaient recevoir de mes mains qu'à la fin des travaux. (V. le texte de l'art. 18 n° 9, *supra*.)

D'une entente qui, à la suite de cet accord, eut lieu entre le syndicat des arrosants et moi, sortit un projet de convention qui fit l'objet d'un rapport que j'adressai au préfet à la date du 24 juin 1872.

D'après ce rapport, après avoir établi un compte où je ne faisais figurer aucun intérêt pour mes avances personnelles, je demandais à recevoir :

1° Du gouvernement un supplément de subvention de 1,560,350 francs à réunir aux 200,000 francs qui restaient à toucher sur l'ancienne subvention ;

2° Des arrosants une somme de 450,000 francs.

Sauf à ceux-ci à se mettre immédiatement à mon lieu et place pour le canal, à m'en décharger et à le terminer à leurs risques et périls.

Cette combinaison reposait :

L'ingénieur en chef évalue à 850,000 fr. les dépenses restant à faire ou à solder pour terminer le canal.

18. — D'une part, sur une évaluation de dépenses restant à faire ou à solder que l'ingénieur en chef portait à 850,000 francs.

La partie du rapport, en date du 21 novembre 1871, qui résume cette évaluation est bonne à citer textuellement, elle est ainsi conçue :

« L'ensemble de ces évaluations, dépouillé des explications qui précèdent, se trouve « indiqué dans un état estimatif sommaire qui accompagne ce rapport et il se résume en « définitive en un total de 850,000 francs à dépenser encore pour payer ce qui reste dû « et *achever entièrement le canal*. Il dépasse de 197,000 francs le chiffre que notre « prédécesseur avait donné sous toutes réserves et qui ne comprenait pas au reste certaines « dépenses dont l'utilité s'est révélée depuis l'époque où il faisait ses appréciations. « Nous avons tout lieu de penser que notre évaluation est exacte, bien que les projets de « détail n'aient pas été dressés. Les données que nous avons puisées dans les notes si « complètes de M. Gentil, l'examen fait des terrains et des ouvrages faits, enfin, l'expé- « rience que l'exécution de travaux de ce genre a pu nous donner *sont des garanties* « *suffisantes contre de fâcheux mécomptes.*

Je dis donc que, d'une part, la combinaison proposée par moi reposait sur l'évaluation des dépenses restant à faire, ci............................... 850,000 fr.

19. — D'autre part, sur le capital des 92,000 francs des redevances souscrites, montant à 1,300,000 francs d'après les prévisions de réalisation à ce moment là ci... 1,300,000 fr.

Sur ces 1,300,000 francs les arrosants devaient prélever les 850,000 francs représentant les dépenses d'après les évaluations de l'ingénieur en chef et m'attribuer les 450,000 francs de surplus.

Ce projet ayant été voté à *l'unanimité* par le Conseil municipal de Gap, fut soumis à l'approbation du gouvernement par le préfet à la date du 29 juillet 1872.

20. - Le 20 août suivant, M. le Ministre, en réponse à cette lettre du 29 juillet, adressait au préfet une lettre *dans laquelle se trouvaient constatés* et ma demande d'un supplément de subvention de 1,560,350 francs et le quantum de 450,000 francs à m'être payé par les arrosants, ce qui représentait exactement les bases de ma proposition d'abandon du canal aux arrosants (v. n° 17 *supra*). Cette lettre se terminait par cette observation caractéristique :

« Je dois ajouter, monsieur le préfet, que la substitution à M. Garnier d'un syndicat
« régulièrement constitué me paraissant comme au Conseil municipal de Gap, *la meil-*
« *leure et je dirai presque la seule issue pratique possible de la situation actuelle,*
« les propriétaires ne comprenant pas leurs véritables intérêts et qui, par parti pris, ou
« *par opposition personnelle* au concessionnaire chercheraient *à entraver cette combi-*
« *naison,* ne devraient s'en prendre qu'à eux-mêmes des retards qui pourraient en
« résulter encore pour l'achèvement et le fonctionnement du canal de Gap, au grand
« détriment de l'amélioration agricole de toute la contrée. »

21. — Il est vrai que le Ministre ne se prononçait pas sur la quotité de la subvention qu'il était disposé à m'accorder, mais il annonçait que « dans le cas où ce traité (celui
« que j'avais proposé) serait effectivement fait, l'Administration se réservait de prendre
« les mesures qu'elle jugera le plus utiles à la conciliation de tous les intérêts et d'ac-
« corder une subvention complémentaire.

Ne résulte-t-il pas invinciblement de ces textes que *sous les réserves que faisait* le Ministre, il était facile de lire sa pensée d'accéder à ma proposition ? *Je puis d'ailleurs affirmer* que l'Administration, guidée comme toujours *par la bonne foi* qu'elle apportait dans l'exécution des engagements d'honneur qu'elle avait contractés envers moi, avait bien cette intention. M. de Franqueville s'en était formellement expliqué.

Comment eût-il pu en être autrement, en effet? La lettre Ministérielle du 20 août établissait de la manière la plus explicite que le Syndicat provisoire, le Conseil municipal de Gap, le Préfet, l'Ingénieur en chef, le Conseil général des ponts et chaussées, le Ministre enfin *étaient unanimes* pour ne voir *que des avantages* dans les propositions que j'avais faites; il ne restait donc plus qu'à les accepter *telles quelles,* car on savait bien que je ne consentirais pas à les modifier, *je l'avais formellement déclaré.*

22. — L'acceptation de mes propositions était donc décidée en principe; un excès de précaution fit avorter la combinaison.

— 13 —

sants se syndiquent pour assurer l'entretien du canal.

« Le Conseil général des ponts et chaussées, saisi de l'examen de cette affaire, disait
« encore M. le Ministre dans cette même lettre du 20 août 1872, a fait observer que,
« d'après les engagements à l'arrosage contractés envers le concessionnaire par les
« propriétaires, ceux-ci *sont tenus de pourvoir* à l'entretien du canal, une fois achevé,
« en se constituant à cet effet en association syndicale. Or, sans examiner encore quelle
« pourra être la subvention nouvelle qu'il serait équitable d'allouer au concessionnaire,
« il est évident, d'ores et déjà, que l'Administration ne saurait s'imposer de nouveaux
« sacrifices qu'autant qu'elle aurait la certitude que le canal, une fois achevé, sera régu-
« lièrement entretenu et remplira le but d'utilité publique en vue duquel il a été autorisé.
« Dès lors, il convient que les propriétaires se constituent, dès maintenant et le plus tôt
« possible, en association syndicale, conformément aux dispositions de la loi du
« 21 juin 1865, *pour l'entretien du canal.* »

Les arrosants me font soumettre un contre-projet par lequel ils demandent la suppression de l'article 18 de leurs engagements qui les obligeait à reprendre le canal aussitôt les travaux reçus. Refus de ma part.

23. — Les arrosants, que préoccupaient déjà avec raison les avaries qui s'étaient produites au canal et celles qui pouvaient se produire encore, par suite de l'inconsistance d'une part, de la perméabilité d'autre part, des terrains traversés, *furent mis tout
à fait en éveil par l'injonction Ministérielle.* Sans chercher à échapper tout à fait à la
charge de l'entretien pour laquelle l'Administration venait de leur signifier une mise en
demeure, ils résolurent *d'en limiter les effets.*

En conséquence, un *nouveau* projet de convention fut substitué à celui qui, sur ma
présentation, avait reçu l'approbation générale, et soumis à mon adhésion, au nom des
arrosants, par M. Césanne, député, qui a été leur représentant constant et on ne peut plus
actif dans cette affaire du canal. Par ce nouveau projet, qui, en laissant la somme qui
devait me revenir livrée à toutes les chances de l'imprévu pendant trois ans, détruisait
de fond en comble celui que toutes les personnes autorisées rappelées au dernier alinéa
du n° 21 *suprà,* avaient approuvé, les arrosants s'emparèrent, *pour l'approprier à leurs
convenances,* de l'idée admise par tout le monde qu'il était indispensable d'augmenter le
taux des redevances. Ils offrirent donc *une très-légère augmentation dans le prix des redevances, augmentation que je pressentais devoir être plus qu'illusoire,* ce qui s'est
vérifié plus tard, en effet (V. n° 63 *infra* 6, 7 et 8ᵐᵉ alinéa); puis, comme contre-partie de
cette augmentation, ils proposèrent de limiter la charge de l'entretien et pour cela *de
supprimer l'article 18* de leurs engagements, qui, aussitôt le canal terminé, *les mettait
à mon lieu et place.*

Je refusai formellement d'adhérer à ces conditions. La suppression de l'article 18
me préoccupa surtout, parce que, *à aucun prix,* je ne voulais rester attaché pendant
cinquante ans à une concession que je n'avais acceptée que dans une pensée de bien
public et en repoussant toute idée de spéculation et de bénéfice.

M. le ministre m'offre un supplément de subvention de 1 million pour la continuation des travaux.

24. — Cependant, sur ces entrefaites, M. le Ministre, ayant appris que le projet de cession du canal aux arrosants, qu'il avait approuvé par sa lettre du 20 août 1872,
ne devait pas recevoir d'exécution, *se préoccupa de la suite à donner aux travaux.*

Il écrivit à M. l'ingénieur en chef, à la date du 5 octobre 1872, pour lui faire savoir
qu'il approuvait la proposition que celui-ci avait faite, dans son rapport du 23 juillet 1872,
de m'accorder, *si je devais continuer moi-même les travaux,* un million à titre de
supplément de subvention.

« Ainsi, disait-il à M. l'ingénieur en chef, en prenant pour base de votre évaluation

« des prix qui vous paraissent plus en rapport avec la véritable valeur des travaux faits
« par M. Garnier, vous êtes arrivé à un total de 4,550,000 francs pour les dépenses faites
« ou à faire, ce qui, *par application du princ pe de la contribution du Trésor dans la
« proportion des deux tiers de la dépens*-, comporte l'allocation d'une nouvelle
« subvention d'un million.

« *C'est dans cet ordre d'idées* que j'ai consenti à faire délivrer au concessionnaire
« un nouvel acompte de 180,000 francs sur la somme de 200,000 francs qui ne devait
« être payée aux termes de la décision ministérielle du 8 février 1870, qu'après la récep-
« tion définitive des travaux. »

**Je me mets en me-
sure de reprendre
les travaux à l'aide
de mes anciens en-
trepreneurs les plus
solvables.**

25. — Quant à moi, je n'avais pas attendu, pour agir, de recevoir l'avis de cette exécution loyale de la part de l'État de ses engagements. Avant même d'en être instruit, je
m'étais *mis en mesure* de reprendre les travaux. Les mêmes entrepreneurs, en effet, qui
avaient construit le grand tunnel de Manse, l'œuvre la plus considérable du canal, c'est-
à-dire des hommes dont l'un, M. Codur, est riche à plusieurs millions, et tous d'une
honorabilité éprouvée, s'étaient engagés envers moi *à tout terminer*, moyennant *un forfait* qui n'atteignait pas le chiffre de 1 million, que les offres gouvernementales allaient
mettre à ma disposition. La seule condition imposée par eux était que les redevances
seraient surélevées, comme cela était reconnu indispensable.

**Les arrosants se
mettent en travers
de la reprise des
travaux par une de-
mande de mise sous
séquestre du canal.**

26. — A peine les arrosants *eurent-ils connaissance de ces nouvelles dispositions*, que
l'esprit d'hostilité signalé par M. le Ministre dans sa lettre du 20 août 1872 (V. n° 20,
supra), se réveilla chez les uns, tandis que les autres se préoccupèrent des moyens à
employer pour atteindre le but dorénavant poursuivi de *limiter la charge de l'entretien*.
Pour cela, la souscription de nouveaux engagements était nécessaire.

Dans cet ordre d'idées, les principaux d'entre eux, *pour satisfaire à ce double
courant d'opinion*, provoquèrent secrètement, en dehors de moi par conséquent, la mise
sous séquestre du canal, afin d'avoir un prétexte plausible de soumettre à M. le Ministre
de nouvelles propositions qui exigeassent la souscription de nouveaux engagements.

« Dans le cas où, comme ils l'espèrent, écrivirent-ils à la date du 10 novembre 1872,
« le gouvernement accepterait ce système (*la mise sous séquestre du canal*), les sous-
« signés, comprenant de leur côté *la nécessité de s'imposer des sacrifices plus lourds*
« que ne le comportait leur premier engagement, seraient disposés à élever le prix de la
« redevance de 23 à 40 francs, dans lequel seraient compris les frais d'exploitation,
« d'entretien et de perception, et de manière à ce que les sacrifices des propriétaires *ne
« puissent en aucun cas excéder le chiffre de 40 francs par hectare.* »

Cette proposition à M. le Ministre n'était, on le voit, que la reproduction de celle qui
m'avait déjà été faite et que j'avais repoussée (V. n° 23, *supra*); seulement, la proposition
au gouvernement se trouvait complétée par une demande de *mise sous séquestre du
canal* comme moyen d'arriver plus sûrement au but poursuivi. Je commençai par
résister énergiquement à la mise sous séquestre, en offrant, ainsi que cela est constaté par
ma lettre du 25 décembre 1872, de reprendre immédiatement les travaux qui, *en réalité,
n'avaient pas été suspendus* par cette cause d'impuissance dont il sera parlé n° 62, *infra*,
mais *uniquement* pour donner libre cours aux négociations que je n'avais engagées avec
les arrosants qu'à *l'instigation du gouvernement.*

Je demande la mise
sous séquestre mais
à des conditions dé-
terminées.

27. — Cependant, comme le Ministère insista afin de pouvoir donner satisfaction aux arrosants, et *qu'il fut arrêté* que le séquestre n'aurait lieu *qu'à des conditions* à débattre contradictoirement, je formai, à la date du 25 décembre 1872, une demande de mise sous séquestre qui contenait les conditions qui avaient été arrêtées, *par un premier accord,* entre le gouvernement et moi. Ces conditions me réservaient formellement le bénéfice de l'art. 18 des précédents engagements, bénéfice auquel, on l'a déjà vu, je tenais d'une façon toute particulière.

Fin du contrat ver-
bal et de pure bonne
foi qui existait entre
l'État et moi.

28. — Ici, monsieur le Ministre, s'arrête la première phase des rapports contractuels qui existent entre le gouvernement et moi. Le contrat verbal, *le contrat d'honneur* par conséquent, qui, jusqu'à la mise sous séquestre du canal, a seul gouverné ces rapports, va faire place à un contrat écrit.

Ce nouveau contrat ne sera certes pas, au point de vue de l'exécution, plus énergique que celui qui l'aura précédé. Vous avez pu juger, en effet, monsieur le Ministre, par l'exposé que je viens de faire et *que je mets qui que ce soit au défi de contredire* même dans ses moindres détails, avec quelle solennelle bonne foi, avec quelle imperturbable loyauté le contrat a été exécuté aussi bien par le gouvernement Impérial *qui avait créé l'engagement,* que par le gouvernement Républicain à qui le principe de solidarité imposait le devoir de continuer l'exécution.

J'ajoute que, devant les tribunaux, s'il pouvait devenir nécessaire d'y recourir, le premier contrat, quoique verbal, pourrait se présenter avec une force presque égale à celle que la constatation par écrit donne au second. Car si la preuve littérale lui ferait défaut, j'aurais pour établir son existence les présomptions *graves, précises, concordantes,* qu'à défaut de preuves la loi permet d'invoquer pour éclairer la conscience du juge.

---

§ III.

CONTRAT ÉCRIT PAR LEQUEL LE CANAL EST MIS SOUS LE SÉQUESTRE A DES CONDITIONS RESPECTIVEMENT ACCEPTÉES PAR LE GOUVERNEMENT ET PAR MOI.

Nomination d'une
commission pour pré-
parer la convention
qui devait régle-
menter la mise sous
séquestre.

29. — Pour arriver à s'entendre définitivement sur les conditions que j'avais énumérées en ma lettre de demande de mise sous séquestre du 25 décembre 1872, et poser ainsi les bases *de la convention destinée à réglementer* cette mise sous séquestre, une commission fut nommée par le gouvernement. Elle se composait de M. Perrier, inspecteur général des ponts et chaussées, chargé de représenter l'État, Césanne, député, chargé de représenter les arrosants, et moi pour défendre mes intérêts. M. Goussard, président de la section des finances au conseil d'État, avait été désigné pour intervenir en cas de désaccord, surtout avec moi.

Présentation à
mon adhésion par

30. — Après une série de discussions dans lesquelles M. Goussard eut à intervenir plusieurs fois et *qui prirent plusieurs mois,* ce qui démontre l'importance que l'on

M. le ministre du projet de convention.

attachait à la préparation *de cette convention* de mise sous séquestre, *convention* que, pour les besoins de la cause, on a voulu prétendre plus tard n'avoir jamais existé, *les bases du séquestre* furent arrêtées et soumises au Conseil général des ponts et chaussés. A la suite de la délibération qui eut lieu à cet égard, M. le Ministre, par lettre du 3 mai 1873, soumit à mon adhésion un projet de convention qui différait, sur plusieurs points, du projet *accepté par moi* à la suite des délibérations de la commission.

Observations de ma part sur le projet ministériel.

31. — J'écrivis à M. le Ministre, à la date du 12 du même mois, pour lui signaler les différences entre le projet de convention *déjà accepté par moi* et celui qu'il soumettait à mon adhésion ; chacun de ces deux projets ayant pour but de substituer de nouveaux engagements *à ceux qui faisaient à ce moment la loi des parties*. Plusieurs conférences ayant eu lieu entre M. Perrier à qui ma lettre d'observations avait été communiquée et moi, M. Perrier adressa à M. le Ministre *mon adhésion pure et simple* à la convention qui m'avait été proposée le 3 mai 1873. Cette adhésion portait la date du 6 juin 1873.

Adhésion pure et simple de ma part et motifs de cette adhésion.

32. — Cette adhésion pure et simple avait été remise par moi après que M. Perrier m'eut donné lecture du rapport dont il devait l'accompagner en réponse à ma lettre du 12 mai. Ce rapport, en effet, me donnait les satisfactions que je pouvais désirer en faisant ressortir, sur les principaux points et notamment sur la question *d'un supplément de subvention à me payer*, ce que M. Césanne et M. Perrier m'avaient affirmé de vive voix, et ce que m'avait d'ailleurs confirmé M. de Franqueville, à savoir que les différences ou omissions signalées par moi se trouveraient couvertes *par la bonne foi* de l'Administration.

Cette bonne foi, m'avaient dit ces messieurs, se produira toujours soit dans l'interprétation de celles des dispositions de la convention qui pourraient ne pas être assez explicites ; soit dans la reconnaissance formelle de ce qui, *quoique non écrit*, a été expressément convenu en Conseil général des ponts et chaussées.

M. Césanne, dont, dans ma lettre du 12 mai, j'avais signalé les intentions au sujet du point capital de la convention (V. n° 41, *infrà*), c'est-à-dire de l'art. 3 transcrit n° 38, *infrà*, avait tout à fait modifié sa pensée à cet égard. Comme je lui avais montré qu'il y avait homogénéité parfaite entre la disposition de l'art. 3 du projet des nouveaux engagements et l'art. 26 du décret de concession relativement à l'interdiction d'arroser autre chose que la parcelle souscrite (V. n° 50, *infrà*), il m'avait donné sa parole qu'il acceptait maintenant, *sans arrière-pensée*, la rédaction de cet article 3.

Je n'avais aucune raison de douter pas plus de la bonne foi de MM. Perrier et Césanne que de celle de l'Administration ; loin de là, *puisque la loyauté la plus absolue s'était toujours accusée*, aussi n'avais-je pas insisté sur les différences ou omissions signalées par ma lettre du 12 mai. Je m'étais contenté, dans ma lettre d'acceptation du 6 juin suivant, de faire appel à la bienveillance de l'Administration *pour faire sortir* par l'interprétation, si besoin était, *des termes dans lesquels était conçue la convention*, ce que ces termes contenaient réellement, c'est-à-dire les stipulations non exprimées que MM. Perrier et Césanne m'avaient signalées comme s'y trouvant implicitement renfermées.

La convention de mise sous séquestre est formée.

33. — La convention de mise sous séquestre, que j'annexe ici sous le n° 3, se trouva donc définitivement formée par mon acceptation de l'offre Ministérielle.

Elle se divise en deux parties : ·

34. — Première partie : Stipulations pures et simples de la mise sous séquestre qui font l'objet de douze alinéas non numérotés.

35. — Deuxième partie : Engagements nouveaux à souscrire pour les arrosants qui font l'objet de seize articles.

Les points saillants de cette convention en deux parties consistaient, avant la violation de quelques unes de ses dispositions, savoir :

36. — 1° en la non reproduction de l'art. 18 des anciens engagements, ce qui modifiait complétement mon état vis-à-vis des arrosants et me donnait la qualité de concessionnaire à la place de ceux-ci que l'art. 18 obligeait à se substituer à moi, aussitôt les travaux terminés, aux conditions qui m'étaient imposées par le décret de concession (V. n° 9, *in fine supra*.)

37. — 2° en l'obligation contractée par l'Etat de terminer le canal sur les fonds du Trésor, en vertu de la clause ainsi conçue : « la dépense d'achèvement du canal et géné-
« ralement de tous les travaux nécessaires pour porter l'eau en tête de chaque propriété
« souscrite à l'arrosage sera imputée *à titre de subvention complémentaire*, sur les fonds
« affectés annuellement aux travaux d'amélioration agricole par le budget du ministre
« des travaux publics. »

38. — 3° en l'obligation par chaque propriétaire de n'arroser que la parcelle engagée, en vertu de la clause ainsi conçue : « Art. 3. — Il désignera les parcelles
« cadastrales sur lesquelles il entend appliquer sa souscription. *Il ne pourra employer*
« *le volume d'eau auquel il aura droit qu'à l'arrosage des parcelles souscrites* ; il ne
« pourra non plus, céder à des tiers tout ou partie de sa souscription. »

39. — 4° en une réserve *assurée* pour moi d'un minimum de 30 fr. par hectare souscrit, en vertu de la clause ainsi conçue :

« La somme restant disponible sur les produits de toute nature du canal après avoir
« pourvu, comme il vient d'être dit au payement des frais d'administration, de
« perception, d'entretien et d'exploitation, sera remise aux concessionnaires ou à ses
« ayants droit. *Le revenu qui lui est ainsi assuré pour l'indemniser des dépenses qu'il*
« *a faites jusqu'à ce jour ne pourra être moindre de 30 francs par hectare souscrit à*
« *l'arrosage* (art. 16, *in fine*). »

39 bis. — J'ai dit que, n'ayant pas insisté sur les différences ou omissions signalées par moi dans ma lettre du 12 mai et ayant donné une adhésion pure et simple aux propositions contenues dans la lettre de M. le Ministre du 3 mai 1873, le lien de droit pour la mise sous séquestre se trouvait définitivement formé entre l'Etat et moi. Ce lien de droit avait surtout un caractère absolu en ce qui concernait les trois dispositions qui faisaient l'objet des trois articles transcrits sous les n° 37, 38 et 39 *supra*. Ces articles, en effet, n'avaient rien à recevoir de l'interprétation dont il a été parlé au n° 32 ; ils étaient complèts par eux-mêmes.

3

Mais à côté des différences ou omissions que j'avais voulu mettre en relief par ce *qu'elles pouvaient être de nature à me faire refuser mon consentement*, ma lettre du 12 mai 1873 contenait plusieurs observations qui n'avaient *aucune action actuelle* sur mon consentement, en ce qu'elles ne portaient pas sur les différences ou omissions signalées par moi dans le projet de convention. Elles avaient cependant *une grande importance relative*, en ce qu'elles étaient de nature à mettre en pleine évidence l'esprit qui, de part et d'autre, avait présidé à la préparation de la convention de mise sous séquestre.

L'une de ces observations, entre autres, était des plus caractéristiques ; elle contenait un avertissement donné à M. le Ministre sur ce que se proposait de faire M. Césanne à propos *de la condition capitale de la convention*, inscrite dans l'art. 3 des nouveaux engagements. Cette observation qui venait de perdre une partie de sa valeur par suite de la déclaration que m'avait faite M. Césanne (V. 32 *suprà* 3ᵉ alinéa), déclaration à laquelle je dois reconnaître que M. Césanne était resté depuis *personnellement fidèle*, a recouvré toute son importance par suite des agissements ultérieurs des arrosants en dehors de M. Césanne. Voici le passage relatif à cet avertissement :

Une Société avait offert de racheter le canal et de prendre à sa charge sa terminaison à la condition que la principale affectation de ses eaux serait pour des usages industriels.

40. — « A aucun prix je ne peux vouloir rester assujetti aux aléa de l'avenir. Si « donc aujourd'hui je puis accepter de changer ma qualité de constructeur en celle de « concessionnaire, par la suppression de l'art. 18 des engagements, mettant les arrosants « à mon lieu et place, une fois les travaux reçus, ce n'est pas que mes intentions se « soient modifiées au regard de la concession. C'est uniquement parce que j'ai à côté de « moi ce même groupe de capitalistes qui, pour le cas où je ne serais pas arrivé à « m'entendre avec les arrosants, lors des premières négociations engagées avec eux, « négociations auxquelles a succédé la situation actuelle, *vous avait fait une* demande « de concession dans le but d'appliquer l'eau du canal à des usages industriels.

« Les propositions qui furent alors faites à l'Administration avaient séduit M. le « Directeur général des ponts et chaussées au point que sans l'intervention énergique de « M. Césanne, qui, après avoir partagé un instant les idées de M. de Franqueville, finit par « demander le maintien de la concession dans ses conditions primitives d'affectation « des eaux à l'irrigation, aux conditions déterminées, elles auraient certainement été « acceptées, *comme moyen souverain de solution*. Pour moi, je reste convaincu que la « vraie solution était là, du moment que les nouveaux concessionnaires avaient consenti à « livrer l'eau nécessaire à l'irrigation à des conditions à débattre entre les riverains et « eux, comme cela a lieu pour tout contrat à former, *mais en déchargeant l'État*, « *comme ils l'offraient, de tout frais de restauration et de terminaison du canal.* »

Cette Société continuait, bien que ses propositions n'eussent pas été acceptées, à m'offrir le rachat du canal du moment qu'il serait stipulé que les arrosants ne pourraient employer l'eau qu'à l'arrosage de la parcelle souscrite.

41. — « Quoi qu'il en soit, la sauvegarde de mes intérêts est toujours dans ce « groupe de capitalistes qui continue à m'offrir de me dédommager de mes dépenses « sur le pied de 2,500,000 francs à me payer *pour prix de ma concession*. Bien que la « nouvelle situation créée par la non acceptation de ses propositions ne réponde pas tout-à- « fait au but qu'elle se proposait, cette Société trouve encore dans la concession dégagée, « *maintenant que l'État en prend la charge*, de toute dépense relative au canal, des « avantages suffisants pour m'indemniser. Mais elle ne voudrait plus donner suite à ses « projets et se retirerait définitivement ; j'en ai été prévenu, *si la modification dans* « *la poursuite de laquelle M. Césanne paraît vouloir persister, venait à se produire.*

— 19 —

« Cette modification étant, je le répète, destructive de toute l'économie de la con-
« vention que vous présentez à mon acceptation, je déclare ici faire de son rejet, dans le
« présent et dans l'avenir, *la condition absolue du consentement que vous attendez*
« *de moi.* »

« J'ajoute même, pour éviter jusqu'à la moindre équivoque de quelque nature
« qu'elle pût être, *que du jour où j'aurai donné mon consentement*, les termes de la
« convention, *telle qu'elle sera approuvée par moi*, seront irrévocablement arrêtés, en
« ce sens qu'il ne pourra plus y être fait le plus léger changement, à moins que je ne
« l'accepte après qu'on m'aura démontré qu'il ne peut en résulter aucun préjudice pour
« moi. »

Ainsi l'Administration était bien prévenue : elle ne devait à aucun prix faire subir
à la convention, une fois que je l'aurais signée, aucune modification d'un genre quelconque, à plus forte raison la modification signalée dans le passage ci-dessus de ma
lettre du 12 mai 1873. Cette modification, en effet, qui devait consister en la suppression
des mots suivants, inscrits dans l'art. 3 du projet d'engagement des arrosants (V. n° 38
supra.) « Il ne pourra employer le volume d'eau auquel il aura droit qu'à l'arrosage
« des parcelles souscrites » devait me faire perdre, *par le seul fait matériel de sa
suppression*, et sans même qu'on voulût chercher à se rendre compte de ses conséquences réelles, le bénéfice de la cession de mon canal sur le pied de 2,500,000 francs.

L'administration supprime l'interdiction aux arrosants d'arroser autre chose que la parcelle souscrite.

42. — Or, malgré la loi des contrats qui défend d'y apporter le moindre changement sans le consentement réciproque des parties contractantes, malgré mon avertissement si catégorique sur les intentions manifestées par M. Césanne qui, *au moment où
cet avertissement avait été donné*, voulait recevoir d'une main et retenir de l'autre, ce
qui aurait rendu *tout échange de conditions impossible*, la modification signalée par moi
a eu lieu plus tard et *m'a fait perdre le bénéfice de la cession de mon canal*. Mon consentement a donc été faussé; dès lors l'Administration doit m'indemniser de tout ce que
m'a fait perdre l'atteinte qui y a été portée. C'est de droit strict.

Par cette suppression elle me fait perdre non-seulement la certitude de céder mon canal, mais elle m'expose encore à toutes les incertitudes de l'avenir.

43. — Mais, dans la modification qui m'a fait perdre *la certitude de me débar-
rasser de ma concession* que je puisais dans les engagements contractés envers moi par
la Société dont j'ai parlé plus haut, il y aurait bien autre chose qu'une perte dans le
passé, il y aurait encore, si les prétentions de l'Administration, ci-après accusées, de
faire reposer la concession sur ma tête, pouvaient jamais avoir une sanction, il y aurait
la perte de la contre-partie des alea de l'avenir.

Comme je le disais à M. le Ministre n° 40 *supra*, je ne pouvais consentir à la
suppression de l'art. 18 des engagements courants que parce que *je devais être relevé*
de ma concession par la société qui demandait la concession du canal.

Ainsi, j'ai consenti à rester définitivement concessionnaire du canal à la place des
arrosants, que l'art. 18 de leurs engagements obligeait à reprendre la concession de mes
mains aussitôt les travaux reçus, *mais je n'y ai consenti qu'à une condition;* la condition est violée par l'Administration et nous la verrons tout à l'heure (V. n° 64 *bis
infra*) prétendre *que je suis concessionnaire.* C'est à douter de tout!

L'arrosant qui n'est pas en même temps concession-

44. — Mais, dit-on, la situation actuelle est la même que la situation antérieure,
puisque, d'après les art. 12 et 16 de la convention de 1873 (V. annexe n° 3), les arrosants

naire et qui n'a à sa charge que l'entretien n'est pas tenu des grosses réparations.

sont *tenus de l'entretien* du canal tout comme ils y étaient tenus par l'art. 13 des engagements antérieurs (V. annexe n° 2). C'est là un pur sophisme, et c'est d'autant plus grave que la nuance caractéristique de la situation paraît avoir toujours échappé à l'Administration des ponts et chaussées.

Lorsque l'*entretien* est à la charge du concessionnaire, aucune difficulté ne peut s'élever; l'expression *entretien* est alors générique; elle embrasse tous les travaux que peut rendre nécessaire l'exploitation du canal.

Mais lorsque, à côté du concessionnaire, c'est-à-dire du propriétaire, tenu en définitive *du bon fonctionnement* du canal, se trouve un usager qui est chargé *de l'entretien*, l'expression *entretien* perd la force extensive que nous venons de voir; sa portée se trouve renfermée dans les limites de l'art. 605 du Code civil, qui veut que, *l'usufruitier* n'étant tenu qu'aux réparations *d'entretien*, « les *grosses réparations* demeurent à la charge du propriétaire. »

Cette distinction est d'ailleurs parfaitement d'accord avec l'art. 19 du décret de concession du canal de Gap. Le paragraphe 5 de cet article ne se contente pas de dire, en effet, comme il aurait pu le faire d'ailleurs : « L'entretien du canal est à la charge du concessionnaire, » ce qui pour le concessionnaire eût tout embrassé ; Il est ainsi conçu : « Les frais *d'entretien*, d'alimentation ET de *réparations, soit ordinaires, soit extraordinaires*, resteront entièrement à la charge du concessionnaire. »

Or, si l'usager a déclaré se charger de *l'entretien seulement*, comme à côté et en *dehors* de cette entretien l'art. 19 du décret de concession a spécifié les réparations, soit ordinaires, soit extraordinaires, il est plus qu'évident que, pour le moins, les *réparations extraordinaires* incomberont au concessionnaire. C'est l'application littérale de l'article 605 du Code civil.

Aussi, en présence de ces textes, jamais je ne consentirais à rester pendant cinquante ans attaché à une concession dont je n'ai jamais entendu tirer aucun bénéfice, pas plus qu'encourir de son fait la chance d'aucune perte.

Mon consentement étant indispensable à la formation de nouveaux engagements, l'État en le faussant a violé le contrat.

45. — Donc, la suppression de l'art. 18 des anciens engagements, qui me protégeait contre les aléa, *bons ou mauvais*, de l'avenir qu'à aucun prix je ne veux encourir, ne pouvait se faire *qu'avec mon consentement*. Or, si l'État avait besoin de mon consentement pour passer les seconds engagements, *dans une forme nouvelle*, il y avait contrat au sujet de ces nouveaux engagements et ce contrat ne pouvait plus être modifié en dehors de moi. C'est là ma réponse à une autre prétention de laquelle il résulterait qu'il n'y a pas eu contrat entre l'État et moi à propos de la mise sous séquestre du canal. (V. n° 42 *suprà* et n° 49 dernier alinéa, *infrà*).

Les arrosants par suite de leur refus d'adhérer à la condition qui était la contre partie de la suppression de l'article 18 de leurs engagements ont fait renaître l'article 18.

45 *bis*. — Mais, dit-on alors, il y avait une troisième partie contractante en cause : c'étaient les arrosants qui ont exigé que l'on effaçât de leurs engagements les mots par lesquels *interdiction* leur était faite d'arroser avec l'eau du canal autre chose que la parcelle engagée à l'arrosage.

J'ai démontré dans un autre document que les arrosants avaient donné leur consentement par l'intermédiaire de leur mandataire, M. Césanne, député, (V. n° 29 et 32 3e alinéa *suprà*). Ce consentement, une fois donné, devait être sans appel d'après la loi des contrats et dans tous les cas, comme le contrat n'était intervenu qu'entre l'État et moi, *les arrosants n'avaient rien à y voir*, sauf à eux à prendre avec l'État tels arrangements qui pourraient réciproquement convenir, çe qui, à mon tour ne me regarderait nullement. Je veux bien cependant accorder ici, *mais uniquement pour les besoins de ma démonstration*, qu'ils avaient le droit de contredire à ce contrat.

Comme je n'avais consenti à rester définitivement concessionnaire du canal à la place des arrosants *qu'à la condition* que, de leur côté, ils respecteraient l'interdiction ci-dessus, ce qu'ils n'ont pas fait, que devient *mon obligation de me substituer à eux dans la concession?* Évidemment, elle doit disparaître. Car enfin je ne peux avoir *contracté une obligation* envers eux, *en échange d'une autre obligation* de leur part envers moi et rester obligé envers eux alors qu'ils refusent de s'obliger envers moi. C'est élémentaire.

Les premiers engagements n'ont jamais été frappés de nullité, ils ont conservé toute leur force jusqu'au moment où ils ont été remplacés par de nouveaux engagements.

46. — C'est ici que se présente une timide, mais bien timide objection que je relève cependant, car je ne veux laisser passer absolument rien de tous ces sophismes derrière lesquels on cherche à s'embusquer pour m'opposer depuis si longtemps *un véritable déni de justice.*

Les premiers engagements, essaye-t-on de soutenir aujourd'hui pour les besoins de la cause, se trouvaient frappés de nullité faute d'exécution du canal dans les huit ans prévus par l'art. 16 ainsi conçu (V. annexe n° 2) :

« *Chaque souscripteur sera dégagé des obligations qu'il aura contractées, si, dans* « *un délai de huit ans, à dater du jour de sa souscription,* l'eau n'est pas conduite à « *la limite de sa propriété* et mise à sa disposition. »

C'est la plus profonde des erreurs *en fait et en droit.*

La nullité a été couverte en fait par un consentement général.

47. — En fait :

De l'exposé qui fait l'objet des n° 17 à 23 ci-dessus, il résulte invinciblement que le syndicat des arrosants, le conseil municipal de Gap, le préfet, l'ingénieur en chef, le Ministre, enfin le Conseil général des ponts et chaussées ont reconnu la parfaite validité de ces engagements.

Comment, en effet, si ces engagements eussent été nuls *dès 1870,* aurait-on pu faire pivoter, *en 1872,* la combinaison signalée dans ces n° 17 à 23 sur les 92,000 fr. de redevances qu'ils étaient appelés à produire (V. notamment n° 19, *suprà*)?

Comment encore le Conseil général des ponts et chaussées eût-il pu, en déclarant que ces engagements obligeaient les arrosants à entretenir le canal, *leur prescrire*, par décision du 20 août 1872 transcrite n° 22 *suprà*, de se constituer *en syndicat pour assurer cet entretien?*

Comment ensuite les arrosants auraient-ils cru nécessaire de me soumettre un projet de convention (v. n° 23 *suprà*) pour demander la suppression de l'art. 18 de ces engagements?

Comment enfin aurais-je renouvelé dans ma demande de mise sous séquestre du 25 décembre 1872, la réserve expresse de ce même article 18 (V. n° 27) que j'avais déjà faite dans ma demande de concession (V. n° 9)?

Donc, *en fait,* les premiers engagements ont conservé toute leur force jusqu'au moment où, *d'un commun accord,* ils ont été remplacés par de nouveaux engagements.

La nullité n'a jamais été prononcée judiciairement, ce qui est indispensable.

48. — Mais ce qui est *plus décisif* encore, c'est que ce qui est vrai *en fait,* ne l'est pas moins *en droit.*

Dans notre droit français, en effet, tout contrat, sauf le cas où il est contraire aux bonnes mœurs et à l'ordre public, auquel cas il est virtuellement nul, ne peut être frappe de nullité que par les tribunaux.

Une nullité soit absolue, soit relative, *soit conventionnelle*, ne peut jamais détruire le contrat sans l'intervention de la justice. La raison en est que, quelle que soit la nullité qui affecte une convention, cette nullité peut toujours être écartée du consentement réciproque des parties contractantes. Il peut même arriver, et la jurisprudence en fournit de nombreux exemples, que, bien que l'une des parties invoque la nullité, l'autre partie la fasse écarter pour un motif quelconque : celui par exemple, tiré *de la force majeure* dont il va être parlé. C'est ce dernier motif que, pour mon compte, je n'aurais pas manqué de faire valoir si, *en 1870*, la nullité eût été judiciairement invoquée contre moi.

Or, où est l'autorité judiciaire qui a prononcé l'annulation des engagements de 1862? invoquerait-on de prétendus désistements de la part des arrosants ?

Mais sur 4,000 hectares souscrits, les souscripteurs de 350 hectares seulement ont fait signifier leur désistement, *signification sans valeur* puisqu'elle n'a pas été suivie de jugement. Il y a plus, c'est que cette signification a été même détruite par l'exécution, car *la correspondance officielle* que j'ai entre les mains *et qui est d'ailleurs au dossier du canal* constate que lorsque l'eau du canal fut livrée en 1870, les prétendus résignataires se montrèrent des plus ardents à la disputer à ceux qui ne s'étaient pas désistés.

Bien plus, ce n'est pas *collectivement* que les engagements étaient déclarés nuls en cas d'inexécution dans le délai déterminé, c'est individuellement. *Chaque souscripteur*, porte l'art. 16 (voir n° 46, *suprà*) sera dégagé si l'eau ne lui est pas livrée dans les huit années à *dater* du jour *de sa souscription*. Or, la souscription a duré plus d'un an, depuis les premiers mois de 1862 jusqu'aux premiers mois de 1863. L'eau a si bien été livrée en 1870, que le canal devait être reçu dans les derniers jours de juillet; c'est incontesté et d'ailleurs établi par une foule de documents qui sont au dossier du canal. L'eau a donc été livrée *dans les huit ans de la date des premières souscriptions*, et l'on a arrosé ou utilisé l'eau du canal pour les usines, *notamment pour le service de l'armée, du mois de mai au mois de décembre 1870 ;* c'est encore ce que prouvent tous les documents contemporains. Dès lors, comment parviendrait-on à établir, *puisque rien n'a été fait à cet égard*, quel est celui des riverains qui a eu l'eau et celui qui ne l'a pas eue *dans les huit ans de la date de sa souscription?*

La nullité a été encore couverte par la force majeure.

49. — Eh quoi, d'ailleurs, la force majeure qui, en droit, *délie les contrats* s'est-elle jamais plus accusée que dans la question du canal de Gap? elle s'est présentée sous quatre formes différentes :

En premier lieu, les premiers engagements avaient été souscrits en vue d'une Société qui, par un fait dont le gouvernement s'est reconnu responsable, n'a pu se constituer définitivement pour construire le canal. Ce n'est qu'alors *et un an après*, que, sur les instances du gouvernement, j'ai consenti à prendre la concession (V. n°s 1 à 4 de l'annexe n° 1). Une année ayant donc, *de ce fait*, été perdue pour la construction du canal, le délai prévu devenait illusoire, — 1er *cas de force majeure*.

En second lieu, les premiers engagements avaient été souscrits en présence d'un devis dressé par les ingénieurs de l'État et évalués à 1,500,000 francs (V. n° 11, *suprà*). Or, six années après en 1868, c'est-à-dire deux années seulement avant l'expiration du délai prévu dans les engagements, les mêmes ingénieurs de l'État ont reconnu que le devis des travaux devait être porté à 3,000,000 francs. (V. n° 14 *suprà*), c'est-à-dire *au double de l'évaluation primitive.* Il est évident que des travaux *d'une importance double de celle prévue* ne pouvaient être exécutés dans le délai primitivement assigné à leur exécution, — *2° cas de force majeure.*

En troisième lieu, le délai assigné à l'exécution des travaux dans les premiers actes d'engagement est précisément venu expirer au cours de la guerre 1870-1871, c'est-à-dire d'un évènement qui a suspendu tous les travaux publics en France. — *3° cas de force majeure.*

Enfin, comme complication de toutes ces circonstances *anormales*, sont survenus, *avant* aussi bien qu'après 1870, des glissements de terrains sur divers points du parcours du canal. Ces glissements qui ont été très-considérables et que rien ne pouvait faire prévoir, ont absorbé beaucoup de temps pour leur réfection en ce qui concerne la construction. On peut s'en rendre d'ailleurs un compte approximatif en considérant que pour ceux qui ont regardé le séquestre, il a été travaillé *pendant six ans* à leur restauration, — *4° cas de force majeure.*

Donc, *en fait aussi bien qu'en droit*, les premiers engagements avaient *toute leur force* au moment où ont été passés les seconds; or, ainsi que je l'ai déjà établi au n° 45 *suprà*, comme l'art 18 de ces premiers engagements obligeait les arrosants à me relever de ma concession, l'État n'a pu, *sans mon consentement*, ne pas reproduire cet art. 18 et substituer par là, par les nouveaux engagements, mon obligation personnelle *de conserver* la concession, à celle des arrosants *de la reprendre.*

L'État n'a pas seulement faussé mon contrat, il a de plus violé mon décret de concession.

50. — Il y a plus! L'État en accordant aux arrosants la faculté de promener l'eau dans toute la concession pour arroser tout ce qu'il leur plairait d'arroser, n'a pas seulement contrevenu aux engagements pris envers moi dans une convention, il a dépassé toutes les limites du *fas et nefas*, car il a violé mon décret de concession.

L'article 26 de ce décret, après avoir dit, que l'autorisation est accordée au concessionnaire « de percevoir des propriétaires qui voudront arroser une taxe annuelle de « 23 francs *par hectare* pour les propriétaires qui auront souscrit avant la promulgation « du présent décret et de *trente quatre francs cinquante centimes* pour les arrosants qui « s'engageront après la délivrance de la concession, ajoute :

« Les premiers souscripteurs *qui voudront par la suite augmenter l'étendue de* « *leur arrosage*, seront soumis aux mêmes conditions que les non-souscripteurs, pour « toute l'étendue dépassant celle de leur souscription primitive. »

Rien de plus net, rien de plus clair que cette *dernière* clause et cependant *contre mon consentement, malgré mes protestations*, on accorde aux arrosants le droit d'arroser un hectare, deux hectares, dix hectares, *absolument tout ce qu'ils voudront*, avec l'eau *d'un seul* hectare souscrit. Mais qu'est donc devenu le respect dû à la propriété! Qu'est devenue la loi qui la protége!

La faculté donnée aux arrosants par leurs premiers engagements de se servir de leur eau pour tout usage, à leur gré, primait par son antériorité, le décret de concession. Il n'a

51. — Rien de plus naturel, me répond-on. Est-ce que l'art. 3 des premiers engagements (annexe 2) n'accordait pas aux arrosants le droit de faire de leur eau absolument l'usage qu'ils entendaient?

Voyons, entendons nous, les premiers engagements ont donc *conservé toute leur force*, puisque vous vous appuyez sur leur article 3 pour justifier le droit que vous avez accordé aux arrosants de faire de leur eau tel usage qu'ils voudraient. Mais alors comment pu en être de même pour les derniers engagements.

se fait-il que, d'autre part, *vous invoquiez leur nullité* pour faire disparaître, *ipso facto*, leur art. 18 qui vous gêne?

Il n'y a pas seulement dans tout cela une pure argutie, il y a une contradiction qui vous écrase. Ce que vous cherchez, avant tout, c'est d'écarter *la vérité* de votre chemin. Mais la vérité s'impose comme devrait s'imposer *la bonne foi;* or la vérité, la voici :

Les premiers engagements étant *antérieurs* au décret de concession, la stipulation relative au droit que pouvaient avoir les souscripteurs d'arroser dans telles ou telles conditions *primait* la stipulation contraire contenue dans le décret de concession qui n'avait pu avoir d'effet rétroactif sur ces engagements *qui s'y trouvaient visés*. Mais du moment que ces mêmes engagements avaient été, *d'un commun accord*, remplacés par des engagements *ayant leur force propre* et que ces nouveaux engagements se trouvaient primés en date par le décret de concession, c'était ce décret seul qui était la loi à suivre et on ne pouvait, *sans mon consentement*, passer outre à ses prescriptions. C'est ce que M. Césanne avait parfaitement compris ; aussi avait-il loyalement renoncé à toute prétention contraire (V. n° 32, 3ᵉ alinéa).

En tout cas, un décret de concession a une force active telle que les arrosants, en souscrivant leurs actes d'engagement de 1862, avaient cru devoir se mettre en garde contre la mise en action de cette force. Aussi, avaient-ils inséré dans ces actes un article 17 ainsi :

« Il s'engage, en outre, à se conformer à toutes les conditions qui seront spécifiées dans « le cahier des charges annexé au décret de concession, *mais en temps qu'elles ne déro-* « *geraient pas aux stipulations qui précèdent.* » (V. annexe n° 2).

Pour avoir le droit de déroger aux conditions du décret de concession qui devait intervenir postérieurement à leurs engagements, les arrosants avaient cru nécessaire d'insérer dans ces engagements une réserve expresse relative *au maintien* des stipulations qui précédaient cet art. 17, et qui pourraient être en désaccord avec le décret de concession. Or, où est écrite une semblable réserve dans les nouveaux engagements qui, à l'inverse de ceux de 1862, sont *postérieurs* au décret de concession? Donc les conditions de ce décret s'imposaient à ces nouveaux engagements, à moins de consentement de ma part à une dérogation.

Tous les sophismes s'évanouissent devant mon argumentation.

52. — Vous le voyez, monsieur le Ministre, tous ces motifs successivement mis en avant, pour les besoins de la cause *et sans le moindre souci des contradictions dans lesquelles on tombe à chaque pas ;* tous ces motifs fallacieux à l'aide desquels on cherche à battre en brèche ma situation, s'évanouissent comme des bulles de savon au moindre choc de mon argumentation.

La vérité, je le répète, est que du moment que vous avez fait passer la concession de la tête des arrosants sur laquelle la faisait reposer l'article 18 des premiers engagements, sur la mienne alors que je n'avais accepté cette mutation que sous une condition expresse, d'abord *acceptée* puis *violée* par vous, vous devez : en premier lieu, me relever de cette concession dont *je n'ai jamais voulu* et dont, plus que jamais, *je ne veux à aucun prix;* en second lieu, me dédommager de la perte de la somme que devait verser entre mes mains la Société dont il est parlé au n° 41 *supra*.

§ IV.

CONTRAT DE RACHAT DU CANAL, PAR L'ÉTAT, A TITRE DE TRANSACTION,

PASSÉ SOUS CONDITION SUSPENSIVE.

M. Christophle propose le rachat du canal à titre de transaction.

53. — Tel a été l'ordre d'idées dans lequel s'est placé M. Christophle, un de vos prédécesseurs, lorsque, s'inclinant fidèlement devant le principe *de bonne foi* qui n'avait cessé un instant de me protéger depuis l'origine, il a, *lui jurisconsulte consommé*, voulu couper court aux difficultés existantes entre l'État et moi.

Le moment est venu de parler de la lettre de M. Caillaux du 6 août 1875 dont il a été question au n° 3 *suprà*. Cette lettre qui n'a nullement le caractère dont on voudrait la revêtir est une preuve irrécusable que pour chercher à me l'opposer, comme on ne cesse de le faire, il faut que tous les éléments de la cause ne soient pas suffisamment connus, comme je ne cesse de le rappeler. Je m'explique :

Lorsque, d'après le silence gardé sur les conclusions de la commission Aucoc (V. n°3 *suprà*) j'eus acquis la certitude que je n'obtiendrais aucune solution actuelle, je résolus de plaider. Je m'adressai donc à M. Bosviel avocat au Conseil d'État et à la Cour de cassation, une des lumières de l'ordre, qui présenta, à la date du 20 juin 1875, à M. le Ministre une requête *introductive d'instance* dont j'extrais le passage suivant :

« En empruntant pour introduire cette réclamation le ministère d'un avocat au
« Conseil d'État, M. Maurice Garnier montre assez qu'il entend se prévaloir de la réserve
« du droit des tiers, contenue dans l'article 5 du décret du 18 juillet 1873, qu'il regarde
« ses droits particuliers comme susceptibles de se produire par la voie contentieuse et
« qu'il n'hésitera pas à user du recours qui lui est ouvert devant le Conseil d'État, mais,
« *outre qu'il doit épuiser le premier degré de juridiction*, il a la très-ferme espérance
« que l'Administration voudra terminer elle-même cette affaire. »

Ainsi le Ministre avait, puisque c'était lui qui, d'après la requête, représentait le premier degré de juridiction, à repousser un acte de procédure par un acte de procédure. C'est ce qu'il fit par sa lettre du 6 août 1875, qui fut alors déférée au Conseil d'État qui se déclara incompétent.

La lettre de M. Caillaux étant *un acte de procédure en défense*, ne pouvait avoir d'autre caractère que celui de tout acte de cette espèce, c'est-à-dire le caractère *d'une production judiciaire;* ce qui exclut absolument l'idée qu'un semblable document puisse être considéré comme une décision devant peser du moindre poids sur les rapports administratifs entre l'État et moi. Son but n'ayant pas été tel, ses effets échappent absolument à cet ordre d'idées.

Cette simple observation me dispense d'entrer dans la discussion de cette lettre, bien qu'il me fut on ne peut plus facile de démontrer que, *même au point de vue administratif*, elle n'a pu que fournir *un prétexte*, sans justification sérieuse possible comme tous les prétextes, en ce qu'elle n'a pas l'ombre de la force qu'on voudrait lui attribuer. Jamais elle ne pourrait être de nature à réagir et sur la convention des 3 mai-6 juin 1873 et sur le décret de séquestre avec lesquels elle se met en contradiction en ce qui concerne un règlement de compte postérieur entre l'État et moi. En tout état de

4

cause, elle aurait été absolument mise à néant par les aveux judiciaires. (V. 64 *ter infrà*), qui lui sont postérieurs.

Elle ne pouvait donc exercer aucune influence sur un esprit réellement imbu des principes du droit, et M. Christophle, ayant été saisi par moi de l'examen de la question, jugea rapidement que le seul moyen *honnête* d'en finir qui se présentât, était le rachat du canal. Aussi, par sa lettre du 16 août 1876 me proposa-t-il ce rachat à titre de transaction, au prix de 2,500,000 francs, payable en cinq annuités de 500,000 francs chacune, à partir de 1877. Seulement, il se réserva de prendre l'avis de la section des travaux publics du Conseil d'Etat.

La section des travaux publics ayant émis un avis favorable au rachat, M. Christophle me renouvela son offre par une seconde lettre du 16 novembre 1876, contenant la réserve caractéristique que voici.

La section des travaux publics du conseil d'État ayant approuvé le rachat, il se forme entre l'État et moi un contrat sous condition suspensive.

54. — « Je crois d'ailleurs vous prévenir de nouveau que, même après l'homo-« logation du décret approuvant *le contrat intervenu entre l'État et vous*, ce contrat ne « pourra *devenir définitif*, qu'après l'inscription au budget du Ministère des travaux « publics du premier à compte à vous payer pour le rachat de votre concession. »

Or, par le fait de mon acceptation, à la date du 21 février 1877, de l'offre Ministérielle, un contrat fut formé, contrat qui, du moment qu'il était subordonné à l'inscription au budget du premier à compte à me payer était un contrat *sous condition*, il est vrai, tel qu'il est prévu par l'article 1168 Code civil.

Mais un tel contrat n'est pas moins parfait, puisqu'il est appelé à devenir définitif (1179 C. civ.), le jour où la condition s'accomplira. C'est ce que M. le Ministre avait d'ailleurs formellement reconnu par le passage de sa lettre ci-dessus transcrit.

Le conseil d'État veut que les arrosants renoncent, en faveur de l'État, à leur droit de jouir du canal à perpétuité à partir de l'expiration de la concession.

55. — Il est vrai que le Conseil d'Etat ayant été saisi du projet de décret à rendre pour le rachat du canal, la section des travaux publics émit *un second avis* qui subordonna ce rachat à la condition que les arrosants renonceraient au profit de l'État, à leur droit de propriété sur le canal à l'expiration du délai assigné à la concession, et payeraient à perpétuité leurs redevances à l'État à partir de cette expiration.

Voici d'ailleurs, d'après la lettre Ministérielle qui me fut écrite le 20 juin 1877, ce que porte ce second avis dont je ne connais le texte que par cette communication :

« Il ne serait pas juste que l'État supportât seul les sacrifices nécessaires pour le « rachat et l'achèvement du canal; une compensation devrait être demandée aux arro-« sants, laquelle serait réglée en même temps que le rachat lui-même et doit en être une « condition; on pourrait arriver à ce résultat par une abrogation de l'article 28 du « décret de concession; l'État deviendrait propriétaire du canal à perpétuité et les rede-« vances, au lieu d'être perçues seulement pendant la durée de la concession seraient « perpétuelles.

« Enfin, il y aurait lieu de consulter M. le Ministre des finances. »

J'ai démontré, *et le fait ne peut être discuté tellement il est élémentaire en droit*, que d'après les termes mêmes de la proposition Ministérielle du 16 novembre 1876, un contrat *sous condition* existe entre l'État et moi. Or, comme un contrat ne peut se dénouer que *du consentement* réciproque des parties contractantes; que cette réciprocité n'a jamais existé, puisque de mon côté je maintiens énergiquement la force coercitive du contrat; ce qui s'impose à l'heure actuelle, c'est d'en suivre l'exécution dans les conditions déterminées par le Conseil d'État, car ces conditions n'ont été frappées *d'aucune péremption ni d'aucune prescription.*

Donc, il importe de commencer par consulter M. le Ministre des finances comme l'indique le Conseil d'État et comme cela a toujours lieu d'ailleurs lorsque les finances de l'État doivent être engagées.

---

§ V.

DISCUSSION DE LA DÉLIBÉRATION DU CONSEIL GÉNÉRAL DES PONTS ET CHAUSSÉES QUI A FAIT L'OBJET DE LA LETTRE MINISTÉRIELLE DU 3 JUILLET 1880.

L'administration depuis plusieurs années n'a procédé que par des allégations sans preuves, et par des actes peu corrects.

57. — La discussion à laquelle je viens de me livrer et que j'ai condensée autant que l'étendue du sujet a pu me le permettre, *car je n'ai voulu laisser aucune objection debout*, va me mettre à même de prendre corps à corps, *pour la détruire de fond en comble*, la délibération que vient de prendre le Conseil général des ponts et chaussées.

Je vous ferai observer avant de commencer, monsieur le Ministre, que, *depuis plusieurs années*, l'Administration, dans la question du canal de Gap, n'a jamais procédé pour répondre à mes plus légitimes réclamations, que *soit par des allégations* qui sérieusement n'ont jamais pu s'élever à la hauteur d'arguments et à l'appui desquelles j'ai toujours vainement cherché des preuves; *soit par des actes* que pour mon compte j'ai toujours trouvé assez peu corrects.

Voyons d'abord *pour les actes*; je passerai ensuite *aux allégations.*

Ce n'est qu'en méconnaissant ses engagements les plus formels que l'administration prétend qu'elle a un compte à régler avec moi.

58. — Je ne veux pas remonter au delà du mois d'avril 1879. A ce moment, le Conseil général des Hautes-Alpes prend *à l'unanimité*, pour la seconde fois, à la date du 19 avril, une délibération par laquelle il demande avec instance que, *pour mettre fin à toute difficulté*, l'État donne suite à la convention Christophle et rachète le canal. Le maire de Gap, l'ingénieur en chef, le préfet, appuyent cette solution avec la plus vive instance auprès de M. le Ministre. L'Administration, *méconnaissant les engagements les plus solennels*, répond qu'il faut attendre que le canal soit fini, *par ce qu'il y a un compte à régler avec moi.*

Je fais alors signifier un acte extrajudiciaire à M. le Ministre, à la date du 31 juillet 1879. Par cet acte, je démontre que l'Administration n'a absolument aucun compte à régler avec moi. Je m'appuie pour ma démonstration 1° sur *le texte* de la décision Ministérielle du 3 mai 1873 (V. n° 37 *supra*); 2° sur *le texte* du décret de séquestre; 3° sur les aveux de l'Administration elle-même *judiciairement* et par conséquent irrévocablement faits (1356 C. civ.). J'arrive donc à conclure que l'Administration n'a d'autre but, en prétextant un règlement de compte, qu'*un ajournement absolument arbitraire.*

Le 19 août, l'Administration me fait tenir, *par lettre chargée*, une décision par laquelle elle réserve son droit de compter avec moi. Cette décision ne discute pas l'acte que j'ai fait signifier: elle n'oppose pas argument à argument. L'Administration s'échappe par une voie détournée et pour s'échapper plus sûrement, elle n'hésite pas à se mettre en *contradiction flagrante* avec une précédente décision Ministérielle du 19 avril 1874.

Cette décision du 19 août 1879 est l'expression de l'illégalité dans l'arbitraire élevé à sa plus haute puissance. Les sophismes que l'Administration met en avant sont anéantis par la note que MM. Humbert, procureur général et Faye, conseiller-maître près la Cour des comptes, ont l'honneur de remettre entre vos mains, en vous faisant connaitre, sur toutes les illégalités dont je suis victime, *leur opinion personnelle* qui n'a fait que s'affirmer de plus en plus depuis cette époque.

L'examen de la question est confiée à une commission.

59. — Vous avez l'extrême bienveillance de me demander de vous soumettre un projet de transaction. Je propose purement et simplement l'exécution de la convention Christophle; alors recommence *l'éternel jeu des commissions* (c'est *la dixième* au moins qui est chargée d'étudier la question). Je pouvais me tromper, mais cependant comme je croyais deviner le but que l'on allait poursuivre, qui devait être non pas de répondre à votre pensée de transaction, mais de chercher de nouveaux prétextes à ajournement (ce qui s'est d'ailleurs vérifié), je réclamai par une lettre que j'eus l'honneur de vous écrire le 20 février dernier. Cette lettre restant sans réponse, je protestai par un second acte extrajudiciaire du 31 mars dernier par lequel je démontrai que *toutes les commissions du monde* ne pourraient faire que la convention Christophle *ne dût suivre son cours.*

On refuse de m'appeler au sein d'une commission réunie à Gap, on refuse de m'entendre au sein du conseil général des ponts et chaussées.

60. — Cependant, M. Chambreland inspecteur général des ponts et chaussées, désigné pour faire un rapport, se rend à Gap au cours de la session d'avril du conseil général des Hautes-Alpes. Le conseil général venait d'émettre, *pour la troisième fois,* un vœu de rachat du canal. Mais, d'après convocation faite *sur des instructions* antérieurement *venues de Paris,* une réunion doit avoir lieu à la préfecture. Comme je me trouve sur les lieux, je compte qu'on me fera appeler *à la réunion* pour discuter contradictoirement la question du canal. Je m'en explique même auprès de qui de droit; je comprends alors, *ce qui ne m'étonne nullement d'ailleurs,* qu'il y a des mystères en jeu.

Diverses circonstances m'avaient fait pressentir quelque chose d'anormal. Je n'en citerai qu'une : le maire du Gap avec qui j'avais eu plusieurs conférences l'année précédente au sujet du canal et qui m'avait toujours énergiquement soutenu, avait si bien résolu de *rester invisible* pour moi cette fois, à cause de ce qui devait se passer à la réunion projetée, que lui, homme parfaitement élevé, avait jugé à propos de ne pas répondre à une lettre par laquelle je lui demandais une audience.

Ce qui s'est passé à cette réunion s'est nettement accusé, car on disait couramment, le lendemain, que les arrosants allaient avoir la libre disposition du canal.

Je n'apprécie pas, je raconte.

Parfaitement édifié sur ce que je voulais savoir, je retourne à Paris et j'annonce à M. l'inspecteur général que je vais préparer un compte *avec pièces probantes.* Aussitôt que ce compte est dressé, je le dépose au ministère. De ce que j'apprends, je tire la conclusion qu'on n'y aura absolument aucun égard par ce qu'il y a parti pris.

Ainsi peu de jours après, je suis indirectement informé, *au dernier moment*, que le Conseil général des ponts et chaussées va délibérer sur le rapport de M. Chambreland. Je me rends immédiatement chez M. le président du Conseil général, *le matin même de la séance* où doit être prise la délibération. Je lui fais observer que j'ai l'intention de faire remettre un mémoire entre les mains de chacun des membres du Conseil général et d'assister à la séance pour y défendre mes intérêts. L'honorable M. Graeff me répond que *c'est mon droit*, que cela *ne se refuse jamais* (j'en connaissais de nombreux exemples), mais que, comme il me faut une autorisation de M. le Ministre, il va faire remettre l'affaire à *une autre séance*.

Ici, comme à Gap, mystère encore, car le lendemain je reçois une lettre de M. le président m'annonçant que le Conseil général a délibéré! Délibéré, par conséquent, sans m'avoir entendu comme *c'était mon droit*, comme *cela ne se refuse jamais!*

Tout cela peut être regardé comme parfaitement régulier; quant à moi, *je le trouve absolument incorrect*, car je le juge comme magistrat habitué à tenir d'une main impartiale les balances de la justice.

La justice ne s'enveloppe pas de voiles et de mystères; elle demande que la discussion *soit contradictoire;* ses décisions ne sont *par défaut* que lorsque c'est la partie elle-même qui fuit devant la discussion; dans tous les cas, elles ne sont prises et rendues que *toutes portes ouvertes*. Les voiles et les mystères, les décisions rendues portes closes et par défaut, alors que la partie adverse *insiste pour discuter et contredire* et qu'on refuse de l'entendre, sont choses que l'on est autorisé à supposer faites pour *ce qui ne doit pas être la justice*.

Je pourrais encore fortifier ce que je viens de dire par cette circonstance qu'il n'est pas un argument, je pourrais presque dire pas une parole que M. le commissaire du gouvernement a prononcée dans la discussion qui a eu lieu dans la dernière session de la Chambre des députés, au sujet du canal de la Bourne, qui ne soit en contradiction avec les actes de l'Administration dans la question du canal de Gap; qui n'en soit même la condamnation formelle. (Voir le paragraphe 6 *infra*).

VOILA POUR LES ACTES. Je vais maintenant passer en revue les *allégations* que m'oppose l'Administration : je ne dis pas *les arguments*, je n'en rencontre pas un seul.

Je demande qu'on oppose à mes arguments des arguments et qu'arbitrairement on ne viole pas les droits acquis.

61. — La délibération qui a été prise dans *cette séance* du Conseil général des ponts et chaussées à laquelle je n'ai pu assister, *malgré un droit qu'on ne refuse jamais de reconnaître*, m'a été signifiée *par lettre chargée* en date du 3 juillet dernier.

Eh! bien, cette délibération qui n'eût certainement pas été telle si, en faisant droit à ma demande légitime, on m'eût admis au sein du Conseil général pour éclairer la question, je me fais fort *de la réduire en poussière* car, ainsi que je l'ai dit en commençant, il n'est pas une des idées qu'elle émet qui ne soit l'expression d'une erreur, ou ne repose soit sur l'oubli d'une obligation contractée, soit sur la violation d'un droit acquis.

Dans la discussion à laquelle je me suis livré dans les trois précédents paragraphes de mon mémoire, je n'ai procédé que par *de vrais arguments*, et je vais continuer dans cet ordre d'idées. Aussi, comme l'Administration me domine de toute sa force matérielle et de toute sa puissance, je la prie, *dans ma conscience de magistrat*, maintenant qu'elle commencera à connaître la question du canal de Gap, qu'elle a *absolument ignorée jusqu'à ce jour*, d'opposer à mes arguments des arguments, en oubliant la maxime *pro ratione voluntas.*

L'impuissance de ma part à reprendre les travaux du canal est une légende inventée pour les besoins de la cause.

62. — « Cette entreprise, commence par dire la délibération du Conseil général des « ponts et chaussées, par suite de l'impuissance où vous vous êtes trouvé, *à partir de* 1870, « de la mener à bonne fin, a dû être mise sous séquestre. »

Les besoins de la cause ont fait *depuis quelques années*, si souvent invoquer cette prétendue impuissance qu'on en parle de confiance aujourd'hui et sans se donner la peine d'y regarder. Eh bien! je mets qui que ce soit au défi d'en fournir la preuve. A coup sûr, ce n'est pas dans les documents que j'ai cités, nᵒˢ 16 à 26 *suprà*, qu'on la trouvera.

Si après 1870, j'avais demandé à être déchargé de ma concession, comme je l'avais déjà fait en 1868 (V. nᵒ 14 *suprà*), c'était uniquement pour ne pas rester attaché plus longtemps à l'entreprise du canal. Or, c'est parce que l'Administration reconnut que ma demande était des plus légitimes, qu'elle s'employa pour faire reprendre le canal par les arrosants. Dans cet ordre d'idées, elle n'eût pas hésité, je l'ai établi au nᵒ 21 *suprà*, à m'allouer une somme de 1,560,000 francs qui, ajoutée aux 200,000 francs qui me restaient à toucher sur la subvention de 2,000,000 francs et aux 450,000 francs à me payer par les arrosants, aurait constitué un capital de 2,210,000 francs. (V. nᵒ 17 à 22 *suprà*).

Je ne sache pas que jamais on ait eu la pensée *de taxer d'impuissance* un homme qui a en main un titre représentant *un pareil denier*, alors surtout que *le passif* de cet homme, *non encore chargé* de tout ce que sont venus accumuler sur sa tête les ajournements indéfinis et *prémédités* de solution de la part de l'Administration, est loin de balancer *cet actif*, et qu'il a encore par devers lui *des ressources considérables de crédit.*

La combinaison de cession de mon canal, *moyennant le prix ci-dessus* que tout le monde : syndicat, conseil municipal, préfet, ingénieur en chef, ministre, reconnaissaient être la chose *la plus désirable* (V. nᵒˢ 20, 21 *suprà*), n'ayant pu aboutir (on a vu aux nᵒˢ 23 et 26 pourquoi), que fit l'Administration? me décréta-t-elle d'impuissance? elle savait bien qu'elle ne le pouvait pas. Aussi, *de bonne foi*, accomplit-elle son devoir. *Elle se reconnut débitrice envers moi de un million*, et elle me l'offrit (V. nᵒ 24, *suprà*), alors que les dépenses qui restaient à faire pour terminer le canal ne s'élevaient qu'à 850,000 francs, d'après les évaluations du moment (V. nᵒ 18 *suprà*.)

Quant à moi, *sans même attendre l'offre de ce million*, je m'étais mis en mesure de reprendre les travaux du canal *qui avaient été interrompus par le fait de l'Administration* (V. nᵒ 25 et 26 *in fine*.)

Tout cela ne constitue-t-il pas *la puissance*, au lieu de l'impuissance alléguée?

Au surplus, sied-il bien à l'Administration de me jeter cette pierre de l'impuissance, elle qui *à force d'obsessions* a fini par obtenir mon consentement à être *préposé* au service de ce tonneau des Danaïdes qui s'appelle le canal de Gap, dans lequel, sans hésiter, honnêtement, loyalement, j'ai jeté l'or à pleines mains, compromettant ainsi ma fortune, celle de ma femme, celle de mes enfants.

Cette fortune, que l'Administration, *par ses agissements*, a, depuis quelques années, presque aussi compromise qu'ont pu le faire les travaux du canal, *elle m'en doit le remboursement*. Or, comme elle me le devait déjà en 1872, par suite des engagements de bonne foi qui existaient entre nous, ce n'était pas *pour venir en aide à ma prétendue impuissance* qu'elle m'offrait, à cette époque, soit 1,560,000 francs pour faciliter la cession de ma concession aux arrosants (V. n° 21, *supra*); soit 1,000,000 francs si je devais reprendre les travaux du canal (V. n° 24, *supra*); c'était pour remplir un devoir ; *pour se délier de cet engagement* d'honneur auquel elle n'avait pas un instant failli jusque-là. Ce n'était pas un bienfait qu'elle poursuivait ; c'était *un droit qu'elle me reconnaissait*, une dette sacrée qu'elle voulait acquitter.

D'ailleurs, même en dehors de cet ordre d'idées, ne pouvais-je pas réclamer ce million en vertu de la décision Ministérielle *qui fixait aux deux tiers de la dépense* la subvention à m'allouer? M. le Ministre l'avait formellement reconnu par sa lettre du 5 octobre 1872 dont un passage a été transcrit n° 24, *supra*.

VOILA POUR L'IMPUISSANCE!

Le séquestre a été un acte de faiblesse et d'imprévoyance de la part de l'administration.

63. — J'arrive à la mise sous séquestre du canal. Le Conseil général des ponts et chaussées fait de cette mise sous séquestre le corollaire de ma prétendue impuissance. Nouvelle erreur aussi profonde que *l'insondable profondeur* de toutes les erreurs qui se sont successivement accumulées sur la question du canal de Gap, par suite de la mauvaise foi intéressée des uns ; de la condescendance irréfléchie des autres ; du parti pris chez ceux-ci ; de l'absence de toute impartialité chez ceux-là ; enfin et par-dessus tout, du défaut, *de la part de tous*, d'une étude de la question absolument complète, réellement sérieuse, dégagée de tout esprit de parti, et libre de toute préoccupation.

Le séquestre a été un acte de faiblesse, un acte d'imprévoyance de la part du gouvernement; pas autre chose, et je le prouve :

UN ACTE DE FAIBLESSE ; c'est plus que manifeste : une Société s'était offerte pour reprendre le canal et le terminer *à ses frais et à ses risques et périls*, à la seule condition que, tout en desservant l'irrigation dans une mesure très-suffisante, la principale affectation des eaux serait pour des usages industriels. Les cartons du Ministère renferment une demande en concession dans cet ordre d'idées et ma lettre du 12 mai 1873 (V. n° 40 *supra*) en fait foi. Pourquoi l'Administration que cette proposition que j'avais fait naître et énergiquement défendue et qui l'avait d'abord tout à fait séduite en la personne de M. de Franqueville, directeur général, l'a-t-elle abandonnée *malgré les avantages énormes* qu'elle présentait au point de vue des intérêts du Trésor?

Pourquoi, dans un autre ordre d'idées, alors que j'offrais de terminer moi-même le canal, avec des entrepreneurs qui, *ayant fait leurs preuves*, présentaient toute sécurité *pour le forfait qu'ils s'engageaient à souscrire* (V. n° 25 *supra*), l'Administration n'a-t-elle pas accepté mes propositions?

Pour complaire aux arrosants; c'est ce qui résulte invinciblement de ce que j'ai dit plus haut, notamment dans les n°s 23, 26 et 41. *Il y a donc eu acte d'insigne faiblesse* et cette faiblesse a coûté des millions au séquestre et par suite à l'État.

UN ACTE D'IMPRÉVOYANCE : Les arrosants n'avaient d'autre but en insistant pour le séquestre, auquel je répugnais d'une façon particulière, (V. n° 26 *supra*), que de pouvoir, sous prétexte de nouveaux engagements à souscrire avec offre *fallacieuse* de sacrifices plus lourds que par le passé à s'imposer, arriver *à se tailler dans le séquestre* la situation qu'il leur convenait de prendre au regard de la concession, *en se débarrassant* des charges que devait leur imposer cette concession, tout en se ménageant des avantages supérieurs à ceux que leur faisaient leurs anciens engagements. (V. n° 23 *supra*).

Le doute n'est pas possible à cet égard, puisque, grâce à ce subterfuge, ils sont arrivés, non-seulement à pouvoir prétendre qu'ils sont dorénavant étrangers à la concession (V. 64 *bis* 5ᵉ alinéa), mais encore *à pouvoir tout arroser comme par le passé*, tout en diminuant considérablement l'importance de leurs souscriptions — 2,500 hectares engagés au lieu de 4,000, voilà pour le sol; 75,000 francs de redevances à payer, *en dehors de l'entretien* à la place de 92,000 francs également *en dehors de l'entretien*, voilà pour les revenus.

Il y a plus; c'est que, d'après l'imprévoyance apportée dans la délibération du Conseil général des ponts-et-chaussées consacrée par la décision Ministérielle du 19 avril 1874, les arrosants se prétendent et *ils ont le droit de se prétendre* autorisés à ne plus payer leurs redevances que pendant trente-deux ans à partir de 1881, époque où l'eau leur sera régulièrement livrée, au lieu des cinquante ans que l'article 7 de leurs anciens engagements les obligeait à payer *à partir du jour où l'eau leur serait livrée d'une manière utile.*

Voilà, en ce qui concerne et ma prétendue impuissance d'une part, et la mise sous séquestre du canal d'autre part, *la vérité impartiale et sur preuves* opposée par moi *aux allégations intéressées et sans justifications* de l'Administration.

Que l'Administration me contredise, si elle le peut!!!

Oui, il y a eu imprévoyance, faiblesse et *faute lourde* de sa part, voilà la vérité. Mais comme les Administrations gouvernementales se décernent volontiers des brevets d'infaillibilité et que, lorsqu'il y a eu erreur de leur part, il leur faut des éditeurs responsables; c'est moi qui, *après n'avoir cessé de la mettre en garde* pour l'empêcher de tomber dans les pièges qu'on lui tendait, devrais, dans la circonstance, porter la peine de tout!! Heureusement je ne suis pas prêt à faiblir dans la défense de mes droits.

Le contrat de rachat proposé par M. Christophle a conservé toute sa force et il n'appartient pas à l'administration de s'en dégager.

64. — Le Conseil général des ponts et chaussées continue en ces termes : « *une étude approfondie de l'affaire* depuis ses premières origines, des circonstances dans « lesquelles est intervenu le décret de séquestre du 18 juillet 1873, et des divers incidents « (instance devant le conseil de préfecture de la Seine, pourparlers infructueux en vue « du rachat, etc., etc.) qui se sont produits depuis, a amené la commission et le Conseil « à émettre l'avis qu'en présence de l'achèvement prochain des travaux du canal de « Gap, *il n'existe aucun motif pour procéder au rachat.* »

Moi aussi, je viens de me livrer dans les trois précédents paragraphes ci-dessus, à une étude d'*ensemble* de l'affaire *depuis ses premières origines* et je pense l'avoir faite aussi *approfondie* que celle de l'Administration. Or, je crois qu'il m'est permis de dire que de mon étude résulte une série d'arguments qui, à coup sûr, ont une force démonstrative d'une certaine valeur. Eh bien, ces arguments, je les oppose, non pas aux arguments de l'Administration qui brillent par leur absence, mais à ses conclusions qui sont, comme toujours, *d'un vague désespérant;* en ce qu'elles ne sont justifiées que par ces simples mots négatifs : *Il n'existe aucun motif pour procéder au rachat.*

A cette négation, je réponds qu'il en avait été jugé autrement par M. Christophle qui, à son titre de Ministre des travaux publics, joignait une double qualité on ne peut plus essentielle dans la circonstance : : 1° par sa profession d'avocat au Conseil d'État et à la Cour de cassation, celle de jurisconsulte *habitué à juger de la valeur des contrats;* 2° par ses ouvrages de doctrine, celle de commentateur *habile à interpréter la loi.* M. Christophle avait donc pensé que la violation des contrats qui existaient entre l'État et moi avait créé des difficultés inextricables. Qu'un seul moyen restait de faire évanouir ces difficultés, c'était d'arriver à une transaction et que la meilleure forme que cette transaction pût revêtir était le rachat du canal. L'opinion de M. Christophle me paraît devoir être de quelque poids dans la balance.

Dans tous les cas, j'ose penser que les arguments développés ici n°ˢ 29 à 52, sont de nature à donner à cette opinion une certaine force nouvelle. Les motifs que M. Christophle avait trouvés au rachat du canal ne se sont pas amoindris, car la violation des engagements les plus formels envers moi est aussi flagrante que jamais. Mais cette question n'est qu'incidente, car elle repose sur le passé et *un fait présent domine la situation.*

Ce fait, c'est qu'un contrat s'est formé entre M. Christophle et moi, contrat *sous condition*, il est vrai, tel qu'il est prévu par l'article 1168 du Code civil, mais contrat appelé à *devenir définitif*, d'après l'article 1179 du même Code, le jour où la condition s'accomplira. C'est ce que le Ministre a d'ailleurs parfaitement reconnu (V. n° 54 *suprà*); or, pour savoir si la condition en s'accomplissant *parfaira le contrat*, ou en ne s'accomplissant pas, l'*anéantira*, il est indispensable que toutes les phases par lesquelles le contrat doit passer, soient suivies.

Voilà mon argument, où est le vôtre? assurément vous ne le trouverez pas dans l'avis émis par le Conseil général qu'il n'existe aucun motif pour procéder au rachat. Cet avis exprime bien la pensée de ne pas racheter le canal et nul doute que telle serait la volonté de l'Administration. Heureusement, quel que soit le désir qu'on en ait, nous ne sommes pas ici sur le terrain du bon plaisir, mais sur celui du droit. Sur ce terrain, l'allégation qu'il n'existe aucun motif pour procéder au rachat *n'a aucune valeur juridique;* attendu que lorsqu'un contrat a été *librement consenti* entre deux parties, il ne peut appartenir à l'une de se délier sans le consentement de l'autre. Or, le consentement a été d'autant plus libre de la part de l'Administration, que *c'est elle-même* qui a proposé la transaction.

Quant à moi, non-seulement je n'ai jamais retiré mon consentement, et un retrait de cette nature *ne peut se présumer*, il faut qu'il soit formel; mais encore, malgré l'avis du Conseil général, je demande plus énergiquement que jamais, comme je n'ai pas un instant cessé de demander, *qu'il soit donné à la convention Christophle le cours naturel qu'elle doit suivre* (V. n° 55 *suprà*).

Je repousse la concession du canal que l'administration a voulu faire passer sur ma tête en échange d'une condition qu'elle avait proposée, que j'avais acceptée et qu'elle a ensuite retirée.

64*bis***.** — « L'administration, dit encore la délibération, doit se borner à vous désigner, le plus prochainement que ce sera possible, le jour à partir duquel elle sera en « mesure de remettre entre vos mains le canal de Gap dont vous être concessionnaire. »

Que l'Administration se mette le plus tôt possible en mesure de livrer le canal à l'usage des riverains, c'est son devoir puisque tel est l'intérêt de l'agriculture qu'elle a charge de protéger. Mais qu'elle ait la pensée de le remettre entre mes mains *en ma qualité de concessionnaire*, c'est une prétention contre laquelle je ne saurais trop m'élever.

D'après la loi, la propriété ne peut rester sans maître, c'est incontestable. Mais le maître de la concession n'a jamais été moi. *Par ma demande en concession*, en effet, je me suis formellement réservé le bénéfice de l'art. 18 des engagements à l'irrigation, (v. n° 9 *suprà*)article qui, aussitôt les travaux de construction du canal reçus, c'est-à-dire

5

Qu'est ce à dire? s'il y avait eu réellement malfaçon, de même que, par la protestation consignée dans ma lettre du 12 mai 1873 (V. n° 12 *suprà*). j'ai mis en cause la responsabilité de l'Administration; de même la responsabilité du directeur du séquestre pourrait être sérieusement engagée. C'est lui, en effet, qui, *ayant charge de veiller aux intérêts de l'entreprise*, a laissé écouler, sans élever aucune réclamation, la période décennale pendant laquelle la responsabilité des entrepreneurs pouvait être engagée.

Je me trompe, la responsabilité des entrepreneurs a été engagée, mais pour 5,000 francs seulement. Cette somme, en effet, a été retenue, *pour malfaçon de plusieurs ouvrages d'art*, sur les 85,000 francs que le directeur du séquestre avait à payer aux entrepreneurs Cahors et Isnard, par suite de l'arbitrage de M. Gentil, ingénieur en chef. Si donc, la responsabilité des entrepreneurs a été mise en cause jusqu'à concurrence de 5,000 francs, *c'est qu'ayant été discutée*, il n'a pas été reconnu qu'elle dût être engagée pour une plus forte somme. D'où la conséquence que *les véritables malfaçons* de la construction du canal ayant été couvertes par des retenues sur les entrepreneurs, toutes les allégations postérieures sont de pure fantaisie.

Les charges de la concession ne peuvent me regarder en rien. 65 *bis*. — « Si vous justifiez, continue le Conseil général, que vous soyez en mesure « d'en prendre possession pour en jouir conformément aux droits que vous donne et « aux obligations que vous impose votre décret de concession. »

Cette observation ne saurait me toucher, car si j'ai des droits à recueillir par l'effet de mon décret de concession; ces droits ne m'imposent aucune obligation puisque, ainsi que je l'ai établi (n° 64 *bis suprà*), les charges de la concession ne peuvent me regarder en rien, attendu que je ne suis pas concessionnaire.

Je fais erreur : je suis concessionnaire jusqu'au jour où la réception des travaux étant approuvée par le Ministre, j'entrerai en possession *des droits* que peut m'assurer le décret de concession. A ce moment-là, *je deviendrai propriétaire* des redevances et des autres produits de l'arrosage, défalcation faite des charges de l'entretien qui sont parfaitement définies par les articles 12 et 16 de la convention des 3 mai-6 juin 1873 (annexe n° 3), mais je serai déchargé, en vertu de la *clause résolutoire* qui domine la concession en tant qu'elle repose sur ma tête, de toutes les obligations inhérentes à cette concession.

D'ailleurs comme *mes droits* ont été singulièrement compromis et même *altérés dans leur essence* par les agissements de l'Administration, j'ai une action considérable à exercer contre elle en répétition de tout ce qu'elle m'a fait perdre (V. notamment, n° 42, *suprà*).

Voilà mon droit et *non le vôtre*, car à dessein ou par mégarde, vous ne cessez de déplacer la question. Au surplus, la question de savoir sur la tête de qui reposera dorénavant la concession, est devenue réellement inextricable.

Moi je n'en veux pas et je suis parfaitement fondé à ne pas en vouloir (V. n° 64 *bis*, 3° et 4° alinéa); les arrosants n'en veulent pas davantage et ils ne sont pas moins fondés que moi (V. n° 64 *bis*, 5° alinéa); reste l'Administration qui ne peut prendre la concession qu'en la rachetant et qui ne veut plus du rachat, et cependant la propriété ne peut rester sans maître! la loi le veut.

En vérité, il n'y a qu'un moyen d'être habile dans la circonstance, *c'est d'être honnête*. C'est l'habileté que M. Christophle a eue en jugeant que l'honnêteté et la bonne foi lui commandaient de mettre toute difficulté à néant en rachetant le canal pour le compte de l'État.

La menace de déchéance n'a aucune portée. Les dépenses d'entretien du canal sont prévues par les articles 12 et 16 des engagements des arrosants.

66. — « A défaut par vous d'en avoir pris possession à l'époque désignée, dit en « terminant la délibération, le séquestre administrerait provisoirement le canal en votre « lieu et place, toute réserve faite en ce qui touche l'application de l'art. 22 du décret de « concession (déchéance à défaut de reprise de l'exploitation dans un délai déterminé). »

Je n'ai, à propos de cette prise de possession dont parle le Conseil général, qu'à répéter ce que je viens de dire, à savoir que ne devant pas rester concessionnaire, je n'ai *pas à prendre possession*. L'administration du canal a été d'ailleurs organisée, en dehors de ce que dit le Conseil général, par l'art. 12 des nouveaux engagements qui en charge l'association syndicale *sous la direction de l'Administration du séquestre*. Quant aux dépenses de l'entretien, elles sont réglementées par l'art. 16 des nouveaux engagements et mises entièrement à la charge du syndicat, sauf dans *les trois premières années* où l'excédant, s'il y en a, des dépenses sur les ressources, *sera imputé sur les fonds du trésor*. »

Quant *à la déchéance*, il faut convenir que c'est se jeter bien inconsidérément dans l'arbitraire le moins justifiable. L'Administration a-t-elle bien réfléchi? comment ne voit-elle pas qu'elle donne lieu de penser qu'elle entend se mettre en révolte contre la vérité, l'équité, la justice et le droit?

Ne pourrait-on pas se demander, en effet, comme conséquence de quoi elle me menace de déchéance? Il faudrait alors reconnaître que c'est :

D'une part, de ce que, malgré mes efforts incessants, malgré mes avertissements, elle s'est laissé, par faiblesse et imprévoyance, entrainer dans les fautes les plus lourdes pour satisfaire *aux exigences insatiables* des arrosants (V. n° 63).

D'autre part, de ce que, malgré mes protestations réitérées, elle n'a cessé, depuis plusieurs années, de se livrer envers moi à la violation la plus criante des obligations les plus sacrées.

Dès lors, on pourrait être tenté de croire qu'elle poursuit la pensée : en me faisant payer ses propres fautes, de confisquer mon argent; en méconnaissant tous mes droits, d'escamoter la justice; puis de demander ma déchéance comme conséquence de mon impuissance bien établie *cette fois ;* ce qui serait un comble s'il en fût jamais, le comble du machiavélisme!!!

La délibération du conseil général des ponts et chaussées s'est évanouie. La question du canal n'est d'ailleurs connue de personne.

67. — Oui, monsieur le Ministre, j'ai l'honneur de m'adresser *à votre bonne foi*, sous la protection de laquelle je n'ai pas hésité à me mettre en commençant. Que reste-t-il, en ce qui me concerne, de cette délibération du Conseil général des ponts et chaussées que l'on a cherché à gonfler de menaces? ce qui reste d'une vapeur qui a passé sur un ciel serein, car l'Administration a beau faire, elle n'empêchera pas que ma cause ne soit sereine et pure comme la lumière du jour.

Le jugement si profondément erroné en fait, si aveuglément vicieux en droit porté sur cette affaire par le Conseil général des ponts et chaussées, vient uniquement, j'en ai *exprimé la profonde conviction*, de ce que l'affaire si complexe du canal de Gap, n'est pas connue de lui. J'ai la certitude que c'est *de bonne foi* que les personnes les plus intéressées croient la connaître, parce que, au lieu de s'en défendre, elles semblent entraînées à subir l'influence de préventions *habilement semées* par des hostilités locales, nées du désir de se faire la part du lion en ne contribuant que dans la plus mince mesure possible aux charges du canal. À l'encontre de cette tendance, j'affirme, et je l'ai irrécusablement démontré, que la question de mon canal n'a jamais été étudiée comme elle aurait dû l'être; aussi n'est-elle pas connue même des personnes qui *se croient les plus habiles à se guider* au milieu du cahos de difficultés qui se dressent autour de soi, lorsque, prenant son désir pour le droit, *on prétend trancher le nœud gordien par la force,* ce qui sera toujours au dessus des moyens dont on dispose, au lieu de s'attacher, *avec loyauté et bonne foi,* à tenir en équilibre les balances de la justice.

Je pourrais m'arrêter là, monsieur le Ministre, car au point de vue du droit la question est épuisée; mais comme je suis convaincu que la discussion juridique à laquelle je viens de me livrer a parfaitement préparé le terrain pour l'examen des questions de fait d'où peut sortir une solution que la raison commande de chercher, je vous demande la permission d'entrer dans cette dernière voie.

---

§ VI.

COMPARAISON ENTRE LA SITUATION DU CANAL DE GAP ET CELLE DU CANAL DE LA BOURNE.

La discussion qui a eu lieu, le 31 mai dernier, à la Chambre des députés, au sujet du canal de la Bourne, jette un jour tout nouveau sur la question du canal de Gap.

M. Rousseau, commissaire du gouvernement d'une part, grâce à son habileté d'exposition et de langage; MM. Rouvier, rapporteur et Madier de Montjau, député, d'autre part, par la chaleur de leur parole, s'inspirant de l'énergie de leurs convictions, ont fait prévaloir les principes les plus équitables et les plus vrais.

Or, ces principes sont, je ne crains pas de l'affirmer, applicables au canal de Gap plus encore qu'à celui de la Bourne au profit duquel on les a proclamés.

Au point de vue de la subvention le canal de Gap est aussi favorisé que celui de la Bourne.

68. — Ainsi M. Rousseau qui se trouvait en présence d'une subvention antérieurement fixée à un *maximum* de 2,900.000 francs, que la Chambre avait déclaré ne pouvoir être dépassé, quel que fut le montant de la dépense et *quels que fussent les mécomptes,* s'est élevé avec raison contre une pareille doctrine antie juridique au premier chef, en ce qu'elle ne tendrait à rien moins qu'à supprimer l'inconnu qui recèle si souvent de ces cas de force majeure qui sont de nature à modifier les contrats. Or, cette doctrine, on n'a *pas hésité à chercher à me l'opposer,* bien que pour moi, ce maximum eut été fixé non par une loi mais par une simple décision Ministérielle que des décisions et même une convention postérieures avaient tout à fait modifiée, et qui était d'ailleurs en contradiction avec le principe des subventions égales aux deux tiers de la dépense édicté pour les Hautes-Alpes.

Quoi qu'il en soit et dans cet ordre d'idées, M. Rousseau, voulant permettre à la Société concessionnaire de terminer ses travaux, a, en s'appuyant sur les arguments les plus décisifs, fait prévaloir le principe d'une *subvention nouvelle* se présentant sous deux formes: 1° Augmentation jusqu'à concurrence de 700,000 francs, du capital argent de la subvention première; 2° Garantie de l'État à 4.65 pour 100, jusqu'à concurrence d'une somme de 1.500,000 francs.

Le canal de Gap, sous une forme différente, et grâce au principe particulier affirmé et défendu par M. Rousseau, pour les départements des Hautes et Basses-Alpes, *d'une subvention égale aux deux tiers de la dépense*, a été aussi favorisé que celui de la Bourne, je me plais à le reconnaître.

69. — Mais à côté de la dépense *pour travaux restant à faire* et à laquelle l'État contribue par un complément de subvention, il y a la dépense *pour travaux faits*, c'est-à-dire l'argent englouti par moi dans le canal. Or, c'est là que la différence entre les deux entreprises éclate saillante et injustifiable. La solution est ici toute entière dans l'allocation d'un *secours rétroactif*, pour me servir d'un mot fort employé au cours de la discussion relative au canal de la Bourne.

Ainsi M. Rousseau a énergiquement insisté, avec gain de cause complet, sur la nécessité de venir en aide aux capitaux en souffrance dans l'entreprise de la Bourne. Au capital obligataire de 4,000,000 de francs qui avait eu à subir une commission de 33 pour 100 et à supporter un intérêt de 7 pour 100, il n'a pas hésité à faire allouer une garantie d'intérêt à 4.65 pour 100 pendant 50 ans.

Eh bien! je n'ai cessé, depuis longues années, de réclamer une garantie analogue, non pas pour tout le capital englouti dans la construction du canal, mais pour une partie seulement, laissant de côté l'usure à haute dose qui m'a écrasé. Or, cette garantie *m'a été constamment refusée.*

Et qu'a-t-on objecté, depuis surtout qu'ayant eu connaissance des délibérations de la commission supérieure des Eaux, j'ai invoqué le bénéfice de la loi que le gouvernement doit présenter pour venir en aide aux irrigations? On m'a déclaré que cette loi, *ne pouvant avoir d'effet rétroactif*, restait sans application au canal de Gap.

Est-ce que le gouvernement aurait deux poids et deux mesures? Pour les créanciers du canal de la Bourne, faveur complète et application de l'effet rétroactif; pour le créancier du canal de Gap, disgrâce absolue et refus de rétroactivité. Cela ne peut pas être, cela n'est pas.

70. — Cela ne peut pas être, car, en fin de compte, mon passif se présente dans des conditions bien plus favorables que celui de la Bourne. Le capital en souffrance dont je demande la sauvegarde au moyen d'une garantie d'intérêt est loin, bien loin de se présenter avec la charge écrasante et *étrangère aux travaux de l'entreprise*, d'une commission de 33 pour 100 que l'on admet sans difficulté pour le canal de la Bourne.

71. — Dans le compte que j'ai présenté, le 8 mai dernier, à M. le Ministre des travaux publics et *dont je porte le défi* que l'on puisse sérieusement contester *un seul chiffre* puisque chaque article de dépense est justifié *par un titre incontestable*, je n'ai pas fait entrer en ligne de compte, *simultanément* une commission de 33 pour 100 et un intérêt de 7 pour 100, *dont la simultanéité a été admise sans difficulté*, pour le canal de la Bourne.

J'ai écarté toute commission, *bien que j'en aie subi de toute nature*, et n'ai fait figurer qu'un intérêt dont j'ai justifié.

72. — Or mon compte, en capital et intérêts, s'élevant à 3,444,981 fr., je demande que l'Administration m'accorde, pendant 50 ans, une garantie d'intérêt de 150,000 francs, dont la capitalisation représente, non pas les 3,444,981 francs *et plus* que le canal m'a coûtés, mais seulement 3,000,000 francs, car je ne trouverai à capitaliser cet intérêt qu'à 5 pour cent, je m'en suis assuré.

Quant à la responsabilité de l'État, par suite de cette garantie, je me fais fort de prouver qu'elle sera absolument nominale. Mes arguments pour faire la preuve, Monsieur le Ministre, seront bien autrement concluants que ceux que M. Rousseau a fait prévaloir devant la Chambre des députés pour obtenir la garantie de l'État en faveur de la Société du canal de la Bourne. Il suffira que l'Administration veuille faire produire aux engagements des arrosants tout ce qu'ils sont susceptibles de produire (V. n° 81, *infrà*.) Il ne faut pas perdre de vue que mes intérêts, dans la circonstance, doivent peser dans la balance à un titre égal à celui des arrosants; j'en appelle à ce qui a été fait pour la Bourne.

Je suis pour le moins aussi intéressant que les actionnaires du canal de la Bourne.

73. — Devrais-je être moins intéressant que ces actionnaires du canal de la Bourne dont M. Madier de Montjau a parlé avec une éloquence si pénétrante?

Ces actionnaires sont *nombreux* tandis que *je suis seul;* ils ont agi *d'après leur impulsion propre*, tandis que je n'ai fait que *subir l'impulsion du gouvernement* et encore après avoir beaucoup résisté; ils ont engagé leurs capitaux avec l'espoir d'un bénéfice *peu rémunérateur*, il est vrai, mais se laissant cependant entrevoir en perspective, tandis que moi *je ne pouvais espérer aucun bénéfice, puisque* celui sur lequel le gouvernement comptait devait entrer dans une autre caisse que la mienne. (V. n° 11, *suprà*).

Et ce n'est pas comme pour *chacun* des actionnaires de la Bourne, *quelques capitaux* qui ont été compromis dans l'affaire; c'est ma fortune entière, c'est celle de ma femme, *c'est un capital de plus d'un million* qui est perdu pour moi *sans appel possible*.

Quant au surplus, qui représente la fortune de ma femme, ce que je dois à divers membres de ma famille, à des tiers enfin, la justice commande impérieusement qu'on m'accorde une garantie analogue à celle qu'on a si peu marchandée au canal de la Bourne.

Eh quoi encore! devrais-je être moins intéressant que ces pionniers dont a parlé avec tant de chaleur M. Rouvier, rapporteur, que « ces imprudents, qui, dans le passé « ont apporté leurs économies, leurs capitaux, dans les entreprises d'irrigation, sans « s'inquiéter de savoir si l'État s'intéresserait plus tard à leur œuvre et *qui seront ruinés* « *pour s'être trop pressés*; alors, ajoute M. le rapporteur, que ceux qui, à l'avenir, « apporteront leurs capitaux à ces entreprises d'irrigation, auront sécurité absolue et « garantie d'intérêt de la part de l'État. »

Les mécomptes dans les travaux qui sont circonstances atténuantes pour la Société de la Bourne, deviennent circonstances aggravantes pour moi.

74. — Hélas! oui je suis moins intéressant que ces actionnaires, moins intéressant que ces pionniers, car il est entendu que dans cette question du canal de Gap, mon rôle est d'être bouc émissaire. Pour l'Administration, ce ne serait pas assez qu'elle pût m'imputer ses propres fautes à grief et que j'en supportasse même la peine (V. n° 63, dernier alinéa et 64 *bis* dernier alinéa); il faudrait encore que je subisse les conséquences de la constitution géologique des terrains traversés par le canal, c'est-à-dire que j'encourusse la responsabilité *des mécomptes* que cet état de choses a occasionnés dans les travaux.

Ainsi dans un rapport administratif en date du 25 juillet 1877, on est allé jusqu'à vouloir me rendre coupable, oh! mais vraiment coupable : 1° De la perméabilité des terrains, qui laissaient filtrer une certaine quantité d'eau, comme si c'était ma faute si des terrains désagrégés et délités ne retiennent pas l'eau aussi bien que les terrains compactes. 2° De ce que par suite de l'inconsistance du sol, des glissements avaient eu lieu, occasionnés par la grande déclivité des terrains traversés, comme si c'était ma faute si, pour conduire les eaux *que le gouvernement a voulu déverser dans le bassin de Gap,* il a fallu tracer un canal à travers les pentes abruptes de montagnes dont les flancs s'effondrent.

Il est vrai que le préfet qui, *ayant administré le département pendant cinq années,* connaissait parfaitement la question du canal, avait nettement et énergiquement repoussé les imputations de l'ingénieur en chef, injustes et *absolument inexactes* en ce qu'elles se trouvaient en opposition directe avec tous les documents contemporains de la fin de mes travaux, rapports d'ingénieurs, de préfets, délibérations de conseils municipaux, lettres officielles, etc. (V. n° 65, *supra*). Cet ingénieur, nouveau venu, n'avait pu apprécier mes travaux que par parti pris.

Or, ce parti pris, avait dominé l'Administration au point que, *trouvant mauvais* qu'un préfet pût chercher à faire prévaloir la justice et la vérité à l'encontre d'un ingénieur qui était dans une erreur manifeste, elle refusa de produire le rapport du préfet devant le Conseil de préfecture de la Seine, bien que ce rapport *fût partie intégrante* de l'instruction de l'affaire.

D'ailleurs ce rapport de l'ingénieur avait été, dans un autre rapport, en date du 20 octobre 1877, combattu *avec une véritable indignation* et ses imputations avaient été réduites à néant par le directeur de mes travaux, qui avait fait observer avec raison, que les devis des ingénieurs de l'État *avaient été littéralement exécutés* et que rien, *absolument rien* de ce que l'on signalait *après coup* n'y avait été prévu.

A propos du rapport du préfet, je puis affirmer qu'on m'a reproché *en termes violents* sa prétendue partialité alors que non seulement je ne connaissais pas ce préfet, mais encore que j'avais toujours refusé d'entrer en rapport avec lui parce qu'il avait eu de très-vifs différends avec mon frère. D'ailleurs d'après les paroles on ne peut plus vives *adressées à moi-même* à l'occasion de ce rapport, comme d'après une foule de faits intimes que des événements ultérieurs ont porté à ma connaissance, j'ai pu constater que, chez l'Administration, la passion joue un rôle beaucoup trop accusé dans la question du canal de Gap. Or la passion est toujours mauvaise conseillère.

Ainsi, *pour comparer,* voyons comment, à propos des autres canaux d'irrigation, l'Administration apprécie *les mécomptes dans les travaux,* c'est-à-dire les effets des mêmes causes qui se sont produites pour le canal de Gap.

« Les travaux commencèrent, dit M. Rousseau, dans la discussion devant la Chambre des députés; « il s'y est produit *de graves mécomptes, les difficultés ont été plus considé-* « *rables* qu'on ne l'avait prévu.... et nous nous sommes trouvés pour le canal de la Bourne, « comme pour les canaux du Verdon et de Saint-Martory et pour un grand nombre « d'autres canaux d'irrigation dans un grand embarras. » Et M. le commissaire du gouvernement trouve alors des accents émus et même éloquents pour démontrer à la Chambre que les *mécomptes* encourus par la Société de la Bourne lui donnent des droits incontestables à des compensations, *à cause du capital énorme qu'elle y a englouti.*

Donc les mécomptes qui, pour moi, sont, aux yeux de l'Administration, circonstances aggravantes et *même très-aggravantes,* deviennent, pour la Société de la Bourne, non-seulement circonstances atténuantes, mais encore motifs légitimes, *on ne peut plus légitimes* de dédommagements considérables.

Est-ce vrai, oui ou non?

6

Ce que l'État a fait par simple esprit d'équité pour le canal de la Bourne, la Justice et le Droit le lui commandent pour le canal de Gap.

75. — Ne pourrait-on pas être autorisé à dire que c'est dépasser toutes les bornes de la partialité? Je pourrais pousser plus loin la comparaison, je me contente de l'établir entre ce qui s'est passé jusqu'ici pour le canal de Gap, *en ce qui concerne la fortune que j'y ai engloutie et les charges que j'y ai contractées*, avec ce qui vient de se passer pour le canal de la Bourne à propos de son capital dépensé.

Toutes mes réclamations les plus légitimes ont été depuis quelques années *impitoyablement repoussées*, au point que j'en suis arrivé à une situation des plus désastreuses, absolument incompatible avec ma position sociale. Je suis plus que ruiné, je suis déshonoré puisqu'on m'a rendu insolvable. Il y a plus, les enfants de mon frère *dont je suis le tuteur*, vont subir le même sort par suite de mon impuissance à couvrir les engagements que mon frère avait contractés pour me venir en aide.

Or, en même temps qu'on se livre à mon égard à de semblables agissements, que fait-on pour le canal de la Bourne? On *prépare* et on fait voter un projet de loi par lequel on n'hésite pas à garantir, jusqu'à concurrence de 4,000,000 de francs, un intérêt de 4-65 p. 100 à son capital dépensé.

Il résulte de cette comparaison une antithèse si choquante, une anomalie tellement monstrueuse, qu'il doit me suffire de signaler le fait à votre attention *pour que cet état de choses cesse à l'instant*. Comparez d'ailleurs, Monsieur le Ministre, les charges qu'assumera l'État, dans l'une et l'autre entreprise.

Le canal de la Bourne à qui l'on accorde une garantie d'intérêt de 255,000 francs, pendant 50 ans, n'a, à l'heure actuelle, de produits assurés que pour 80,000 francs, d'où un écart de 175,000 francs entre la garantie et les produits.

Le canal de Gap, au contraire, pour lequel je ne sollicite qu'une garantie d'intérêt de 150,000 francs pendant le même temps, a, dès aujourd'hui, un revenu assuré de 100,000 francs, d'où un écart de 50,000 francs seulement entre la garantie et les produits

J'affirme que la garantie de l'État, en ce qui concerne le canal de Gap, *sera*, si l'Administration veut bien régulariser la situation, (V. n° 84, *infrà*), *toujours à l'état nominal*. Comment hésiter, alors que l'État a, vis-à-vis moi, à faire face *à trois engagements successifs auxquels il a forfait?*

Pour le canal de la Bourne, tout a été fait *absolument de bonne grâce* et pour se montrer équitable. Quant à moi, je n'ai pas plus besoin de recourir à la bonne grâce que, même, d'invoquer l'équité. Il y a beaucoup plus dans ma cause : il y a, pour l'Administration, le devoir de s'incliner devant la justice; il y a l'obligation inéluctable de montrer pour le droit ce respect qui s'impose à toute conscience honnête. Or, remarquez que ce n'est même pas l'exécution littérale des engagements de l'État envers moi que je demande, je me contente d'une transaction sur des difficultés que l'État a tout intérêt à faire disparaître, par suite de conventions méconnues par lui.

Le gouvernement ne peut être ravalé au rôle d'un être inconsidéré qui signe, à tort et à travers, des billets destinés au protêt. Aussi ceux de ses fonctionnaires qui poussent au protêt, se rendent coupables d'attentat à sa dignité. Quand il s'engage, il doit tenir coûte qui coûte. Or, il s'est engagé. Ses obligations envers moi consistent, on l'a déjà vu ·

1° A exécuter l'engagement *de m'indemniser complètement* qu'il a verbalement contracté le jour *où il m'a lui-même jeté* dans l'entreprise du canal; or l'engagement verbal a la même force que le contrat écrit, du moment qu'il est prouvé (V. § **2**, *suprà*).

2° A couvrir la violation du contrat des 3 mai-6 juin 1873, par lequel il a fait passer la concession du canal de la tête des arrosants sur la mienne sous des conditions que *j'avais formellement réservées* par ma lettre du 12 mai 1873, qu'il avait non-seulement *acceptées*, mais même *proposées* et qu'il n'a *pas exécutées* malgré mes protestations (V. § 3, *suprà*).

3° A se dégager enfin du contrat qui s'est formé le jour où M. Christophle m'ayant invité à accepter l'offre qu'il me faisait de racheter ma concession, à titre de transaction, au prix de 2,500,000 francs, *j'ai accepté cette offre* (V. § 4, *suprà*).

Un fait inouï domine toute cette affaire, c'est qu'un magistrat dont la mission est de faire respecter la loi soit condamné à voir la loi violée dans sa personne, par le refus d'exécution *de la part de l'État* des engagements les plus sacrés pris envers lui sous la forme de trois contrats : un contrat verbal, *d'honneur par conséquent*, et deux contrats écrits.

Ce que les représentants de l'État font, dans cette circonstance à mon égard, avec le calme le plus complet de conscience, oseraient-ils le faire, s'ils avaient contracté comme simples particuliers?? C'est ainsi que sous le spécieux prétexte de défendre les intérêts de l'État, le fonctionnaire arrive quelquefois à des capitulations de conscience et à des procédés que l'homme privé réprouverait.

C'est surtout après la discussion qui a eu lieu à la chambre des députés, au sujet du canal de la Bourne, discussion que j'ai ci-dessus résumée dans ses points de contact avec la question de mon canal, que la méconnaissance de mes titres les plus légitimes s'accuse plus flagrante que jamais.

Mon honorabilité ne le cédant en rien à celle des fondateurs de la Bourne. J'ai les mêmes titres à la protection du gouvernement.

75 *bis*. — J'éprouve le besoin de clore par un dernier trait la comparaison à laquelle je viens de me livrer entre la situation du canal de Gap et celle du canal de la Bourne.

M. Rousseau, dans sa discussion devant la Chambre, a invoqué, avec une insistance toute particulière, l'honorabilité notoire des fondateurs de la Société de la Bourne, pour *éloigner d'eux tout soupçon* et arriver par là à combattre un des principaux arguments de M. des Rotours, l'implacable adversaire des propositions gouvernementales et faire triompher ces propositions.

A mon tour, je me permettrai de faire observer à l'Administration des travaux publics, que j'appartiens à une cour souveraine dont le premier devoir est de se mettre à l'abri de tout ce qui pourrait présenter *jusqu'à l'ombre d'un soupçon* sur l'honorabilité de ses membres.

Or, malgré les 40 à 50 jugements (je ne sais plus les compter) dont l'Administration m'a fait encourir les navrantes condamnations par suite de l'impuissance où elle m'a mis, en violant tous ses engagements envers moi, de satisfaire à mes propres engagements; malgré la saisie et l'expropriation de tous mes biens immeubles et de tous ceux de ma femme; malgré la vente de mes meubles par ministère d'huissier; malgré la dé considération appelée, comme à plaisir, sur ma tête par suite de monstrueuses affiches apposées un peu partout pour annoncer au public la poursuite de créanciers qui *sont ceux de l'Administration* plus encore que les miens, puisqu'elle refuse de remplir les devoirs qui me permettraient de désintéresser ces créanciers; malgré la saisie de mes appointements *de magistrat;* malgré les dénonciations réitérées provoquées par la malveillance, trouvant un point d'appui sur tous ces faits; malgré, en un mot, tout ce qui, dans le cours normal des choses de la vie, est de nature à projeter des ombres sur le caractère d'un homme, je n'ai jamais rencontré chez les chefs de la cour que des défenseurs convaincus et chez tous ses membres que des collègues sympathiques.

Comment expliquer ce concours et cette sympathie unanimes si peu communs après tant de désastres? sinon par cette circonstance que l'honorabilité de mon caractère est à l'abri de tout soupçon; ce qui veut dire qu'elle ne le cède en rien à celle des fondateurs de la société de la Bourne. Donc mon caractère me donne les mêmes droits à la justice distributive de l'État que celui des fondateurs de la Bourne.

Après cela; après le parallèle que j'ai établi dans les numéros précédents, entre les titres de la Société de la Bourne et les miens, à la protection du gouvernement; après tout ce qui ressort *de la première à la dernière ligne* de ce mémoire, des obligations contractées par l'État envers moi, il est une chose qui sera dorénavant hors de doute : c'est qu'il ne pourra pas y avoir une seule conscience *honnête et loyale*, imbue du respect *des droits* et ayant le souci *des devoirs*, qui ne soit en droit de trouver plus que surprenant que ce que l'on a accordé si généreusement à la Société de la Bourne pour laquelle un simple sentiment d'équité *le demandait*, on me le refuse à moi, en faveur de qui la justice et le droit *le commandent et l'imposent*.

Comment ne s'étonnerait-t-on pas de ces refus obstinés de l'Administration à mon égard? N'y a-t-il pas là l'oubli le plus complet des droits imprescriptibles de la justice d'abord, et ensuite de l'égalité de tous les citoyens devant la loi?

---

§ VII.

COMPTE ET VALEUR DE TRAVAUX. — COMPTE DE DÉPENSES

Je proteste contre les divers comptes administratifs dressés jusqu'à ce jour que je n'ai jamais pu contredire ou discuter, par ce qu'on ne me les a jamais produits.

76. — Tout ce qui s'était passé pendant le séjour de M. l'inspecteur général Chambreland à Gap me donnait à supposer que l'Administration allait chercher à m'opposer un compte de dépense. C'eut été déplacer la question, dans tous les cas j'aurais eu deux observations à faire.

La première, c'est que la question à résoudre étant de droit pur, étrangère aux opérations financières de l'entreprise, un compte de dépense n'avait absolument rien à voir ici.

La seconde, c'est qu'une semblable procédure appelle la contradiction. Tout compte a besoin d'être discuté. Or, *jamais*, malgré mes réclamations, *je n'ai pu obtenir communication* des comptes dressés administrativement sur mes dépenses. Aussi je proclame comme attentant au plus sacré et *au plus respecté* des droits, celui de la défense, l'impossibilité où l'on m'a toujours mis de discuter au grand jour les documents *absolument et inévitablement inexacts*, à l'aide desquels on cherchait à me frapper dans l'ombre.

Je mets l'administration au défi de contester mon compte de dépense dont chaque article s'appuie sur un titre irrécusable.

77. — Mais ici encore, l'Administration, en me mettant dans la nécessité de défendre ma cause, *par l'ajournement systématique et prémédité* de toute solution, m'a fourni l'occasion de faire surgir de la question un argument de fait auquel il est impossible d'opposer un argument contraire.

Pendant le séjour que j'ai fait à Gap en même temps que M. l'inspecteur général

Chambreland, j'avais, viens-je de dire, acquis la conviction que l'Administration avait, *entre autres choses*, donné à ce haut fonctionnaire la mission d'édifier un compte de dépense, je ne sais *sur quelles données plus ou moins hypothétiques* pour suppléer aux documents qui lui faisaient défaut. Je crus alors utile de préparer de mon côté un compte basé *non pas sur des hypothèses*, mais sur des documents d'une rigoureuse exactitude. C'est ce compte que j'ai eu l'honneur de vous adresser, le 8 mai dernier, accompagné de preuves et de pièces d'un caractère irrécusable.

Or, alors que je m'attendais à être mis en mesure d'opposer au compte dressé par M. l'inspecteur général, mon propre compte du 8 mai que je mets, je le répète, l'Administration au défi de contredire, *on m'a fait brusquement signifier par lettre chargée* la délibération du Conseil général des ponts et chaussées que j'ai discutée et *anéantie* sous le paragraphe V ci-dessus.

Quant au compte dressé par M. Chambreland que, *comme toujours*, je ne connaîtrai jamais, on cherchera, *probablement un jour ou l'autre*, à s'en faire quelque arme contre moi; aussi que M. l'inspecteur général ne trouve pas mauvais que je fasse ici non-seulement toutes mes réserves au sujet de son compte, mais encore que je n'hésite pas à le déclarer *absolument erroné*, par ce que, *faute de documents*, il n'a pu être édifié que sur des hypothèses absolument inexactes. En attendant, je proteste, *d'une manière générale*, comme j'ai toujours protesté, comme je ne cesserai de protester contre ces documents *occultes* que l'on cherche toujours à m'opposer sans que jamais on me mette en situation de les discuter.

Je découvre deux documents importants dont je n'avais aucune connaissance se rapportant : l'un à un compte de travaux, l'autre à une subvention à me payer.

78. — Cependant pour dresser mon compte du 8 mai dernier, *que je voulais rendre irréfutable*, je m'étais mis en quête de documents, car je sais, par suite des productions que l'Administration a faites devant le Conseil de préfecture de la Seine, que ses archives en renferment beaucoup qui me seraient d'une grande utilité si je les possédais. J'appris alors qu'une personne, à ce moment-là absente, était nantie *de la copie* d'un grand nombre de documents administratifs au sujet du canal qu'elle avait eus à sa disposition pendant l'exercice de fonctions qui avaient cessé depuis quelque temps déjà. Je lui fis demander la communication de son dossier.

Cette communication ne m'ayant été faite que le 1ᵉʳ septembre courant, je n'ai pu l'utiliser pour l'établissement de mon compte du 8 mai dernier. Mais j'ai trouvé ici un excellent emploi de deux documents que j'ai pu recueillir parmi ceux qui m'ont été communiqués. L'Administration ne livre jamais les titres qui peuvent m'être favorables, (V. nᵒ 74, 4ᵉ alinéa), à moins qu'elle ne soupçonne pas la portée de ceux qu'elle livre, comme cela a eu lieu pour beaucoup de productions faites devant le Conseil de préfecture de la Seine, dont j'ai pu faire mon profit. Aussi, bien que j'eusse été informé de l'existence des deux documents que j'ai ici en vue, je n'avais pu les invoquer par la raison bien simple que je ne connaissais rien de leur texte et que j'ignorais même leur esprit précis. Aujourd'hui, grâce à la communication qui m'en a été faite, je puis mettre en avant de nouveaux arguments devant la puissance desquels on sera bien forcé de s'incliner.

La véritable valeur des travaux faits par moi s'élève. d'après les évalua-

79. — Le premier de ces documents est la décision Ministérielle transmise au préfet le 20 août 1872 dont j'ai déjà donné plusieurs extraits et qui, relativement au compte de mes dépenses, contient le passage suivant qui est des plus significatifs.

tions de l'ingénieur
en chef, augmentées
des intérêts échus, à
3,394,807 fr.

« M. l'ingénieur 'en chef, dans son rappport parfaitement étudié, dit M. le Ministre
« à M. le préfet, et dressé avec toute la bienveillance qu'inspire la situation du concession-
« naire, se plaçant à un point de vue différent et examinant non pas ce que le canal a
« pu coûter, mais ce qu'il *aurait coûté* ou *dû coûter* d'après les bases de calcul qu'il *paraît*
« *convenable d'adopter*, discute les chiffres de M. Garnier, en admet quelques-uns, en
« réduit ou supprime même complétement quelques autres et n'arrive pour les dépenses
« faites et à faire qu'à un total de 4,555,752 francs duquel ressortirait une subvention
« supplémentaire, nombre rond, de 1,000,000 francs ».

Le second de ces documents est la lettre Ministérielle écrite à M. l'ingénieur en
chef, à la date du 5 octobre 1872, dont j'ai également parlé plus haut et qui, par le
par le passage transcrit sous le n° 24 *suprà*, confirme pleinement la décision du 20 août
précédent, dont je viens de parler.

Que résulte-t-il de ces décisions? deux choses indiscutables :

La première, que la *véritable valeur des travaux faits* par moi et de ceux restant
à faire était, en 1872, de 4,555,752 francs.

La seconde, que le principe d'une subvention égale aux *deux tiers de la dépense* est
définitivement acquise au canal de Gap.

Cette évaluation des travaux *faits* ou *à faire* a été constatée par M. de Tournadre
dans son rapport du 23 juillet 1872 et l'évaluation des travaux *à faire* résulte d'un
autre rapport du même ingénieur en chef, du 21 novembre 1871, dont j'ai donné
l'extrait n° 18 *suprà*. D'après cet extrait l'évaluation des travaux *à faire ou des dépenses*
à solder s'élevait à 850,000 francs, c'est ce que constate également la décision Ministérielle du 20 août que je viens de rappeler.

Or, si du total de l'évaluation des travaux *faits* ou *à faire*, ci. . . 4,555,752 fr.

Je retranche le montant des travaux *à faire*, ci. 850,000

Il reste incontestablement pour la véritable valeur des travaux
faits par moi au 1er janvier 1871, ci. . . . . 3,705,752 fr.

Cette somme, consacrée par la décision Ministérielle du
20 août 1872, doit être irrécusablement adoptée aujourd'hui comme
représentant *la valeur* de mes travaux. Si donc, j'en retranche la subvention que j'ai touchée. . . . . 1,980,000 fr.

Je resterais à découvert sur *la valeur* de mes travaux, au 1er jan-
vier 1871, de. . . . . 1,725,752 fr.

A ce capital, j'ai incontestablement le droit d'ajouter un intérêt de 7 pour 100.
Comment, en effet, l'Administration pourrait-elle me contester ce taux d'intérêt, elle qui,
à côté d'une commission de 33 pour 100, *qu'elle ne rencontre nulle part chez moi* et
qu'elle a pleinement admise pour la Société du canal de la Bourne, a regardé comme ne
pouvant être discuté un intérêt de 7 pour 100 supporté par le capital obligataire de
4,000,000 de francs de cette Société!

Donc, en ajoutant, à partir du 1er janvier 1871 jusqu'au 1er janvier 1881, l'intérêt de
7 pour 100 à la somme de 1,725,752 fr., qui représentait mon découvert *sur la valeur*
de mes travaux au 31 décembre 1870, j'arrive à un total de ci. . . . 3,394,807 fr.

Ce chiffre doit être regardé maintenant comme indiscutable *de la part de l'Admi-*
nistration, puisqu'il découle directement des données fournies par ce rapport de son

ingénieur en chef que M. le Ministre, dans sa lettre du 20 août 1872, a déclaré *parfaitement étudié* et reposer sur des bases de calcul *qu'il parait convenable* d'adopter.

Ce chiffre est d'ailleurs d'autant plus indiscutable, à l'heure actuelle, que les données sur lesquelles il est basé sont *les dernières données administratives* sur lesquelles il soit possible d'asseoir des appréciations sérieuses *de la valeur* des travaux *faits par moi*, puisque, ainsi que je l'ai déjà dit, ces travaux ont été depuis 1872 complètement bouleversés par le séquestre par suite des travaux de consolidation que l'inconsistance des terrains traversés par le canal a rendus indispensables.

La véritable valeur des travaux faits par moi d'après l'ingénieur en chef: balance l'importance des dépenses réellement faites pour obtenir ces travaux. 80. — Mais il y a plus, c'est que les appréciations de M. l'ingénieur en chef de Tournadre trouvent, *à huit années de date*, leur consécration dans la preuve de mes dépenses que, *sur pièces incontestables*, j'ai eu l'honneur de vous produire, monsieur le Ministre, dans mon rapport du 8 mai dernier.

En effet, le compte de mes dépenses justifiées par *des titres irré- cusables*, s'élevant (V. n° 72 *suprà*) à ci............................ 3,444,981 fr.

et le compte *de la valeur* des travaux faits avec ces dépenses, étant *d'après les évaluations* de M. l'ingénieur en chef de ci............... 3,394,807 fr.

Différence................ 50,174 fr.

Il y a balance entre ces deux comptes à 50,174 francs près.

Ainsi, nous voilà en présence de deux comptes dressés, *à huit années de distance*, dans l'ignorance absolue l'un de l'autre. L'un de ces comptes n'a trait qu'à *la valeur* réelle des travaux exécutés, abstraction faite *de toute évaluation antérieure d'après devis*, abstraction faite surtout de l'argent qu'a pu coûter l'exécution ; l'autre, au contraire, n'a pour objectif que *l'argent dépensé*, abstraction faite de la valeur des travaux exécutés avec cet argent. A l'appui de chacun de ces comptes, sont produites les preuves sur lesquelles il se fonde, preuves d'une nature absolument différente, mais présentant cependant, chacune dans son genre, un caractère de vérité irrécusable. Or, il se produit ce fait, à coup sûr imprévu, que ces deux comptes *qui roulent sur des millions*, arrivent à se balancer à 50,174 francs près.

Donc, d'une part, LA VALEUR des travaux exécutés ; d'autre part, L'ARGENT DÉPENSÉ, s'équilibrent.

Je le demande à votre bonne foi que je ne cesserai d'invoquer, n'y a-t-il pas, monsieur le Ministre, *dans ce rapprochement inattendu*, dans cette concordance à *quelques mille francs près*, la preuve irrécusable que loin d'être exagéré, le compte que j'ai eu l'honneur de vous adresser le 8 mai dernier, est, *ainsi que je l'ai affirmé*, très-sensiblement au-dessous de la vérité comme l'a d'ailleurs fort nettement démontré M. Laurens (n° 31 de l'annexe 1) ? Il est inévitable, en effet, que dans des travaux où se sont présentés tant de mécomptes, l'argent dépensé ne dépasse pas sensiblement la valeur des travaux exécutés.

Voilà donc, entre tous les autres, *un argument qui ne se discute pas :* IL S'IMPOSE !

§ VIII.

Conclusion.

81. — Si donc le rapprochement que j'ai établi dans le numéro précédent, ne permet plus de contester le chiffre de mes dépenses accusé par mon compte du 8 mai dernier, tout commanderait de me faire accorder par l'État, *comme cela vient d'avoir lieu pour le canal de la Bourne,* une garantie d'intérêt *pour le montant intégral de ces dépenses,* Mais ainsi que je l'ai établi au n° 72 *suprà,* je saurais me contenter d'une garantie de 150,000 francs, me faisant même fort de prouver, ai-je ajouté, que cette garantie ne sera jamais que nominale.

Ce n'est pas ici le lieu de mettre ce point en relief, je me contenterai de faire observer que l'Administration s'étant, je l'ai prouvé plus haut, laissé prendre à tous les pièges que lui ont tendu les arrosants, il est temps qu'elle rentre dans la voie qu'elle n'aurait jamais dû abandonner. Pour cela il faut que, renonçant à la pensée, *pour le moins singulière,* de chercher à me faire supporter les conséquences de ses fautes, elle réagisse et s'adresse à ceux qui, étant les seuls qui doivent tirer profit du canal, ont exploité sa faiblesse et son imprévoyance. Les arrosants ont des bénéfices considérables à retirer de l'irrigation ; donc qu'au lieu de leur permettre *de s'enrichir au préjudice d'autrui,* c'est-à-dire à mon préjudice, en payant des redevances illusoires (15 francs au plus par hectare par suite de la faculté qu'ils ont d'employer l'eau comme ils l'entendent), on les oblige à payer ce que, de toute justice, ils doivent réellement, c'est-à-dire une prime qui, plus que celle qu'ils ont la prétention de payer, soit en rapport avec la prime de 60 fr. en moyenne que payent les riverains de tous les autres canaux d'irrigation.

Toute la question est là et cette question est on ne peut plus facile à résoudre. Les concessions irréfléchies faites aux arrosants ont relâché toutes les mailles de leurs engagements ; mais ces engagements existent, ayant leur force propre en dehors de toutes les concessions qui ont pu être faites. Ces engagements *sont ma propriété.* Que l'Administration, rendant hommage au droit, *se mette en mesure,* comme c'est son devoir, de faire produire à ma propriété, en resserrant les mailles distendues des engagements des arrosants, tout ce qu'elle eût été susceptible de produire sans ses agissements et le problème sera résolu.

M. Rousseau, dans la discussion du 5 juillet dernier, relative au canal de la Bourne, disait à M. des Rotours, son adversaire :

« Je dois dire que j'aurais évité à l'honorable M. des Rotours de porter cette question « à la tribune, s'il avait bien voulu, comme il me l'avait dit, venir me trouver à mon « cabinet. Je lui avais annoncé qu'il y avait une pièce, celle que je viens de lire, que je « pouvais lui communiquer. »

Eh bien ! moi aussi je dis ici à l'Administration : faites, *une fois pour toutes,* ce que vous n'avez jamais voulu faire à mon égard et ce que vous seriez bien aise que vos adversaires fissent pour vous, puisque vous leur reprochez de ne pas l'avoir fait, écoutez moi et je vous ferai toucher du doigt des difficultés que vous ne paraissez pas soupçonner, car permettez-moi de vous le dire, je suis payé pour connaître la question du canal *cent fois mieux* que vous.

Toute mon argumentation a été de nature, jusqu'à ce moment, à mettre en jeu la bonne foi, la loyauté et l'honnêteté de l'administration.

82. — Vous me rendrez, je l'espère, monsieur le Ministre, la justice de reconnaître que depuis le commencement de ce mémoire, qui embrasse tant d'objets divers, il n'est pas une page de mon exposition, pas un alinéa de ma discussion, où je ne me sois parfaitement trouvé autorisé à faire appel à cette bonne foi qui, je l'ai dit en commençant, doit dominer la question du canal de Gap. Vous voudrez bien reconnaître encore qu'il n'est pas un de mes arguments qui ne soit de nature à mettre en jeu la loyauté et l'honnêteté de l'Administration.

C'est dans ce double ordre d'idées que j'arrive à la démonstration finale d'un droit que me donnent irrécusablement la faculté de faire valoir les nouveaux documents que j'ai produits ici. Je n'avais pas revendiqué ce droit, parce que, depuis longtemps, les éléments de revendication me faisaient défaut et que devant l'attitude de l'Administration, je ne pouvais venir à revendication que solidement armé.

Il y a en principe pour moi, deux éléments d'actif dans l'affaire du canal : les redevances à payer par les arrosants et une subvention à recevoir de l'État.

Les redevances compromises par les agissements de l'Administration se trouveraient couvertes par la garantie d'intérêt que je sollicite de l'État. Reste la subvention, c'est sur ce point que je vais m'expliquer.

Il m'est dû une subvention égale aux deux tiers de la dépense, ce qui, sur l'ensemble de la valeur des travaux ou des dépenses faites, par le séquestre et par moi, me donne droit à un supplément de 629,988 fr.

83. — M. le Ministre des Travaux publics, qui a rendu les deux décisions des 20 août et 5 octobre 1872 signalées plus haut, a consacré, *d'une manière désormais à l'abri de tout retour*, le principe, pour le canal de Gap, *d'une subvention égale aux deux tiers de la dépense totale.* Ce n'est pas à coup sûr l'Administration actuelle des irrigations qui pourra contester ce principe, puisque M. Rousseau, son directeur, s'en est emparé, dans son application générale aux départements des Hautes et des Basses-Alpes, *pour s'en faire un argument d'actualité* dans la discussion qu'il a si brillamment soutenue devant la Chambre des députés à propos du canal de la Bourne.

Or, voici ce que je disais à M. le Ministre des Travaux publics dans ma lettre du 12 mai 1873, à propos des différences ou omissions que je lui signalais dans sa lettre d'offre du 3 du même mois. (V. n°° 31 et 32 *supra*.)

« En second lieu je dois signaler l'absence de toute disposition relative au supplément « de subvention de *un* million qui doit encore m'être accordé, en dehors de toute « dépense nouvelle de travaux. La fixation de ce chiffre de un million a été successive- « ment acceptée par M. Perrier et par M. Césanne.

« C'est ce qui résulte des déclarations réitérées de MM. Perrier et Césanne et *ce que m'a* « *de nouveau confirmé aujourd'hui même,* M. Césanne qui, ayant assisté à la séance du « Conseil général des ponts et chaussées où ont été débattues et acceptées *les conditions* « *sous lesquelles aurait lieu la mise sous séquestre du canal,* m'affirme que ce million, « ressortant sur le pied des deux tiers de ma dépense, a été reconnu m'être bien et « dûment acquis, en dehors de tous travaux nouveaux. »

C'est à la suite de plusieurs conférences que j'eus à l'occasion de ma lettre du 12 mai 1873 qui lui avait été communiquée par M. le Ministre, que M. Perrier, *pour calmer mes légitimes susceptibilités,* me donna lecture, ainsi que je l'ai déclaré n° 32 *supra*, de son rapport à M. le Ministre en réponse à ma lettre du 12 mai 1873 relative aux omissions et différences signalées par moi dans le projet de convention qui était présenté à mon adhésion.

Or, dans ce rapport *qui est un de mes titres,* se trouve formellement consigné *l'en-*

7

gagement contracté vis-à-vis, de moi de m'allouer un supplément de subvention qui devra être calculé, *à la fin des travaux*, sur la base *des deux tiers de la dépense générale.*

Donc en évaluant, à 3,000,000 de francs, en chiffres ronds, les dépenses du séquestre *à titre de subvention complémentaire*, ci............................ 3,000,000
En y ajoutant :
D'une part, les 2,000,000 de francs également en chiffres ronds que j'ai encaissés à titre de subvention ordinaire, ci....................... 2,000,000

D'autre part, mon compte de dépense tel qu'il est réglé au n° 72 *suprà* et qui balance, à quelques mille francs près, *la valeur*, d'après M. l'ingénieur en chef, des travaux faits par moi, valeur augmentée des intérêts qui seront courus au 31 décembre 1880, ci..................................... 3,444,981

J'arrive à un total de dépense générale de 8,444,981
dont les deux tiers à m'attribuer, à titre de subvention, sont de.......... 5,629,988
J'ai reçu :
1° directement en chiffres ronds.................. 2,000,000 } ci... 5,000,000
2° du chef des travaux du séquestre.............. 3,000,000 }

Il me reviendra donc encore à la fin des travaux à.................. 629,988

C'est tellement démontré que j'ose espérer que, cette fois, ce ne sera pas contesté.

Je suis, avec un profond respect,
Monsieur le Ministre,
Votre très-humble et très-béissant serviteur,

GARNIER.

ANNEXE N° 1

Nous soussigné, Alphonse Laurens, avocat, ancien secrétaire de la Société du canal de Gap, et ancien administrateur de la concession dudit canal, actuellement juge de paix à Toulon.

Attestons les faits suivants :

1. — M. Dauchez de la Chaise, banquier à Paris, ayant été appelé à Gap par la municipalité, et par MM. le préfet et l'ingénieur en chef, pour s'entendre sur la constitution d'une Société dont le but serait de demander la concession du canal, prit l'engagement de constituer cette Société au capital de 1,600,000 francs, aussitôt qu'on aurait obtenu la souscription de 4,000 hectares, dans les conditions déterminées par les actes d'engagement qui furent présentés aux propriétaires riverains.

Les 4,000 hectares ayant été souscrits, M. Dauchez de la Chaise, après avoir obtenu le placement de 1,783 actions à 500 francs, compléta la souscription de 3,200 actions qu'il s'était engagé à fournir en adressant à M. le comte d'Hauterive, qui représentait le futur conseil d'Administration de la Société, un engagement personnel de 1,417 actions (voir sa lettre dont copie est ci-jointe n° 1).

2. — Cependant, M. Dauchez de la Chaise fut incarcéré, on n'a jamais trop su pourquoi, puis relâché après quinze jours de secret par ordre du Garde des sceaux qui, saisi directement de l'affaire, avait reconnu une erreur judiciaire.

Une fois en liberté, M. Dauchez de la Chaise vivement secondé par M. Delangle, Garde des sceaux, s'adressa à l'Empereur pour obtenir la réparation d'une erreur qui le ruinait. Le Conseil des ministres ayant été saisi, il fut reconnu que toutes les compensations que comportait la situation devaient lui être accordées.

Après beaucoup de combinaisons successivement abandonnées; comme ses créanciers devenaient menaçants, il fut décidé qu'il serait soustrait à la faillite et que la liquidation de sa maison aurait lieu à l'amiable sous les auspices du gouvernement. Dans ce but, M. Denière, alors président du tribunal de commerce de la Seine, fut désigné d'office pour présider à la liquidation de la maison Dauchez. Il fut notamment entendu que les intérêts de la Société du canal de Gap seraient sauvegardés, parce que l'Empereur tenait essentiellement à la construction du canal. Sa pensée à cet égard s'était manifestée dans plusieurs circonstances sans que l'équivoque fut possible.

3. — Dans le cours de ces négociations, M. Garnier, fut appelé plusieurs fois à se mettre en rapport avec le gouvernement, ainsi que M. le comte d'Hauterive qui était l'administrateur délégué de la Société.

L'Empereur pensait qu'il fallait désintéresser la Société et assurer la construction du canal, et que le seul moyen d'atteindre ce but était de trouver un *negotiorum gestor* qui put répondre à cette double situation. Ce fut dans cet ordre d'idées que M. Delangle insista vivement auprès de M. Garnier, de la part de Sa Majesté, pour qu'il acceptât la concession.

Après beaucoup d'hésitations dont nous avons été témoin, M. Garnier se décida à former une demande en concession, sur l'assurance formelle donnée par le Garde des sceaux que, dans une entrevue qu'il avait eue à ce sujet, peu de jours auparavant avec l'Empereur, il avait acquis la conviction qu'en tout état de cause aucun dommage ne pourrait jamais en résulter pour lui.

4. — A peu de temps de là, M. Garnier eût à s'entendre (v. lettre de M. Denière, dont copie est ci-jointe, n° 2) avec M. le Ministre des Travaux publics au sujet de la concession. Il déclara que sa pensée n'ayant jamais été de poursuivre une œuvre de spéculation, les bénéfices que l'on prévoyait pourraient devenir le pivot d'une combinaison appelée à désintéresser les actionnaires. Que, quant à lui, il n'entendait bien ne pas rester attaché à sa concession et qu'il comptait qu'une fois le but poursuivi atteint, il serait complétement désintéressé si les circonstances faisaient qu'il eut pu être atteint dans ses intérêts.

5. — Sans que rien ne fut définitivement arrêté, il fut convenu à ce moment là que lorsqu'il serait possible de déterminer les bénéfices que laisserait la construction du canal, le gouvernement accorderait une subvention spéciale qui, réunie aux bénéfices, permettrait de reconstituer les sommes que les actionnaires avaient versées à la caisse de M. Dauchez et qui avaient péri dans sa déconfiture.

6. — Certaines lenteurs ayant été constatées, les actionnaires furent réunis en Assemblée générale et le résultat de la délibération de cette Assemblée fut porté à la connaissance de tous par une lettre-circulaire du 4 août 1863 dont un exemplaire est ci-joint, sous le n° 3.

De la délibération de cette Assemblée et des termes de la lettre qui la résumait, il résultait formellement que M. Garnier avait accepté la concession qui lui avait été donnée dans l'unique intérêt de la Société et sans aucune pensée de bénéfices personnels.

M. Garnier ayant, peu de temps après, obtenu une audience de l'Empereur, reçut de Sa Majesté, la promesse formelle que les intérêts de la Société seraient sauvegardés et que tous les moyens pour construire le canal seraient fournis au concessionnaire.

Cette promesse n'était d'ailleurs que la consécration des assurances que M. Delangle avait données à M. Garnier qui, dans sa demande en concession, avait d'ailleurs parfaitement constaté l'intervention de l'Empereur dans cette affaire.

M. Delangle, dominé par l'impérieux besoin de réparer, dans la plus large mesure, l'erreur judiciaire dont avait souffert M. Dauchez de la Chaise, avait été l'agent le plus actif et le plus utile des négociations qui eurent lieu à ce moment là.

7. — Cependant, on arrivait difficilement à trouver des entrepreneurs. M. Garnier avait dû faire des sacrifices assez considérables pour en amener sur les lieux, ainsi que des ingénieurs chargés de faire des études. Le canal se présentait sous de mauvais auspices; les hommes de l'art semblaient n'avoir aucune confiance dans la solidité des terrains à traverser. Comme nous avions fait nous-mêmes plusieurs voyages à Gap, à l'occasion de toutes ces négociations; nous avons pu constater ce fâcheux effet.

8. — Malgré tout, M. Saphy, entrepreneur, fit des offres à peu près décisives qui donnaient toutes les satisfactions que l'on pouvait désirer. Il se chargeait de l'entreprise à forfait moyennant 1,700,000 francs, y compris l'intérêt de l'argent dont il devait faire l'avance

Sur ces données, l'indemnité à fournir à la Société du canal fut arrêtée et acceptée à 250,000 francs (voir lettre ci-jointe n° 4 de M. Martinet liquidateur de la maison Dauchez). Cette indemnité jointe au capital des redevances dont la négociation au Crédit foncier devait produire un peu plus de 1,500,000 francs, était suffisante après le payement de 1,700,000 francs revenant à l'entrepreneur, pour reconstituer le capital versé par les actionnaires. C'était le but que poursuivait le gouvernement à côté de la construction du canal que voulait l'Empereur.

9. — Dès que M. Garnier eut reçu l'ampliation de la décision ministérielle qui portait la subvention de 500 à 750,000 francs, M. le comte d'Hauterive remit aux mains de M. Martinet, suivant reçu dont copie est ci-jointe, n° 5, les titres de la maison Dauchez dont la Société était détentrice à titre de garantie. Cette remise devait permettre de liquider d'autres Sociétés dont M. Dauchez de la Chaise était fondateur et dont les fonds avaient eu, en tout ou partie, le même sort que ceux de la Société du canal de Gap (v. deux lettres de M. Martinet ci-jointes, nos 6 et 7).

A partir de ce moment, aucun rapport ne devait plus exister et n'exista plus entre la Société du canal et M. Dauchez de la Chaise qui, à titre d'indemnité personnelle, fut nommé, receveur particulier des finances à Paris, poste qu'il a occupé jusqu'à sa mort, arrivée il y a deux ans.

10. — Mais, une solidarité des plus étroites, indissoluble même, unit, *ipso facto*, la Société et la concession du canal. Il y avait cependant dans cette union une nuance caractéristique que les événements ont rendue des plus saillantes, c'est que la Société était destinée à encaisser tous les bénéfices de la concession, si bénéfices il devait y avoir; tandis que, en cas de perte, le concessionnaire ne pouvait avoir aucun moyen de se récupérer sur la Société.

Ce résultat non-seulement anormal, mais encore impossible à concevoir, démontre péremptoirement que la main du gouvernement ne devait jamais se retirer de cette affaire. Aussi serait-il certainement difficile d'en citer une où l'ingérance gouvernementale et son action prépondérante et même souveraine se soit plus accusée que dans celle de la Société du canal de Gap et de la concession de ce canal.

11. — Quoi qu'il en soit, l'offre de M. Saphy, entrepreneur, qui avait servi de base à la combinaison adoptée pour désintéresser la Société du canal, ne devait pas tenir. Au dernier moment, le banquier qui devait être bailleur de fonds se récusa et M. Saphy fut obligé de se retirer. Il allait être poursuivi en dommages-intérêts lorsqu'il mourut.

Tout aurait donc été remis en question et le gouvernement allait être saisi d'une nouvelle demande de la part de la Société, lorsque, dans un voyage que M. Houiller, ingénieur en chef, fit à Paris à ce moment-là, il trouva un entrepreneur qui fit des offres plus avantageuses encore que M. Saphy en ce que, aux conditions absolument les mêmes que celles de M. Saphy, il ajoutait l'engagement de construire le canal en deux ans.

12. — Mais ce qui était arrivé à M. Saphy devait arriver à ce nouvel entrepreneur, qui s'appelait M. Honoré Marie. Son bailleur de fonds lui ayant fait défaut, des embarras financiers antérieurs vinrent l'assaillir, et sans l'intervention de M. Garnier qui, sur la recommandation même de M. Houiller, lui fit une avance de 50,000 francs, il eût été obligé de suspendre ses travaux à peine commencés.

Honoré Marie ne put cependant se soutenir longtemps, et des difficultés étant survenues entre lui et Martin, son sous-traitant, il fut obligé de subir la résiliation de son marché que demanda M. Garnier.

Mais il put, avant ce moment-là, substituer à son marché M. Guillaume Marie, son père, également entrepreneur, et un associé de celui-ci, nommé Garnier d'Évran. M. Garnier se croyait bien certain, cette fois-ci, d'avoir atteint le but qu'il poursuivait, c'est-à-dire d'avoir mis la main sur de bons entrepreneurs, car ceux-ci avaient pour bailleur de fonds et associé un banquier que la notoriété publique faisait puissamment riche (V. lettre ci-jointe de M. Bigillon, banquier à Gap, n° 8) et que M. Garnier avait d'ailleurs eu pour collègue à la Chambre des députés où sa réputation de grande fortune n'avait jamais été mise en doute.

Cette fortune apparente ou réelle ne put soustraire le banquier à des désastres qui vinrent l'atteindre du dehors, et entraîné par plusieurs grandes faillites, il fut obligé de suspendre ses payements. Marie et Garnier n'ayant pu échapper aux conséquences de cette chute, des embarras inextricables naquirent immédiatement pour M. Garnier. Nous y reviendrons plus tard à l'occasion de ses comptes; pour le moment et pour ne pas interrompre l'historique que nous avons à faire, nous nous contenterons de dire qu'ayant fait face à tout, M. Garnier put continuer les travaux avec le concours des entrepreneurs Marie et Garnier jusqu'au moment où ceux-ci furent définitivement mis en faillite.

13. — A ce moment, il put leur substituer de nouveaux et de solides entrepreneurs cette fois et l'entreprise put désormais marcher sans entraves.

14. — Cependant, la subvention qui, de 500,000 fr. avait été portée à 750,000 fr., on a vu dans quelles conditions, s'étant trouvée épuisée au mois de juillet 1868, M. Garnier insista d'une manière toute particulière auprès de l'Administration pour que sa situation fût liquidée et qu'il fût définitivement déchargé de sa concession, sauf à la faire passer sur la tête d'un représentant quelconque de la Société du canal. Comme nous fûmes activement mêlé aux négociations qui eurent lieu à ce sujet, nous pouvons en parler en parfaite connaissance de cause. Des pourparlers eurent notamment lieu à ce sujet entre M. de Forcade, alors ministre des travaux publics, et M. Rouher, qui avait reçu des instructions de l'Empereur à qui M. Garnier s'était adressé.

Bref, on préféra laisser la Société du canal dans l'ombre comme elle l'avait toujours été jusque-là, et il fut décidé que M. Garnier continuerait les travaux comme concessionnaire. Seulement on porta la subvention à 1,500,000 francs, sur la base de la moitié de la dépense évaluée à 3,000,000 de francs d'après un nouveau devis; mais on fit entrer dans ces 1,500,000 francs les 250,000 francs qui n'avaient été accordés au concessionnaire qu'à titre de compensation pour la Société.

15. — Aux observations qui furent faites à cet égard et par M. Garnier et par nous, il fut répondu que l'on s'occuperait plus tard du sort de la Société, mais que pour le moment les 250,000 francs devaient être considérés comme faisant bien réellement partie de la subvention du concessionnaire.

On est arrivé à séparer définitivement par là la Société du canal d'avec le concessionnaire. Dans tous les cas, le gouvernement eut certainement la pensée de ne pas abandonner la Société, car voici ce qui eût lieu.

16. — Au mois d'avril 1869, une décision ministérielle ayant accordé à tous les canaux en voie de construction ou à venir des départements des Hautes et des Basses-Alpes une subvention égale aux deux tiers de la dépense, la lettre ministérielle, en date du 7 avril, qui portait cette décision à la connaissance du préfet des Hautes-Alpes, s'exprima ainsi au sujet du canal de Gap.

« En ce qui concerne le canal de Gap dont les travaux sont fort avancés aujourd'hui, l'administration se réserve de prendre les mesures que commandera la situation particulière de cette affaire, afin d'assurer l'achèvement de cette œuvre importante et de sauvegarder *les divers* intérêts qui s'y rattachent. »

17. — Dès que nous eûmes connaissance de cette lettre, comme M. Garnier était absent de Paris et que son absence devait durer deux mois, nous nous rendîmes au cabinet de l'Empereur pour avoir des explications et connaître le motif qui faisait qu'on n'avait pas traité le canal de Gap comme les autres canaux en lui accordant une subvention égale aux deux tiers de la dépense. M. Conti, chef du cabinet, nous répondit que l'allocation des deux tiers avait été jugée inutile, en ce que, aussitôt le canal terminé, ce qui ne pouvait tarder d'après l'assurance du Ministre, l'Empereur entendait que la Société et, avant tout, M. Garnier, fussent complétement indemnisés; que c'était bien cette pensée de Sa Majesté que reflétait la phrase ci-dessus relative au canal de Gap.

18. — Cependant, l'année suivante, M. Garnier ayant fait observer au ministre qu'il lui fallait absolument de l'argent pour payer ses ouvriers et ses entrepreneurs, sa subvention fut mise sur le même pied que celle des autres canaux et portée aux deux tiers du devis précédemment établi, c'est-à-dire à 2 millions.

19. — La révolution de 1870 ayant éclaté, l'affaire du canal est entrée dans une phase nouvelle où nous n'avons plus à la suivre, car notre double rôle d'administrateur de la Société et d'administrateur de la concession a pris fin avec l'année 1870.

20. — Arrivant maintenant au compte de ses dépenses que M. Garnier vient de dresser et qu'il a tenu à nous communiquer, nous pouvons en parler avec une compétence parfaite, puisque, par la nature de nos attributions, nous avons dressé et suivi la situation financière de l'entreprise pas à pas et l'avons toujours connue beaucoup mieux que M. Garnier lui-même.

21. — M. Garnier, en effet, ne se considérant pas comme un concessionnaire réel, et détourné d'ailleurs par les travaux les plus absorbants, n'a jamais pu s'occuper sérieusement du canal. Bien plus, il ne s'est jamais cru tenu à prêter à toutes les questions qui en naissaient, l'attention qu'elles méritaient, du moment qu'il avait deux représentants attitrés en qui il avait mis toute sa confiance : M. Depère, à Gap, pour la direction des travaux, nous, à Paris, pour l'Administration générale.

22. — Cela dit, nous n'hésitons pas à affirmer que le compte que nous avons sous les yeux tel qu'il a été dressé par M. Garnier, et qui, poussé jusqu'au 1er juillet prochain, s'élève à 3,444,981 francs, non-seulement ne nous paraît empreint d'aucune exagération, mais même qu'à notre sens il est sensiblement au-dessous de la réalité, ainsi que nous l'établirons plus loin.

Et dans cette appréciation, nous ne faisons nullement entrer en ligne de compte les pertes énormes que M. Garnier a faites sur des réalisations de valeurs. Il est à notre connaissance directe, en effet, qu'il avait en portefeuille un grand nombre d'actions Houillières du Bassin du Pas-de-Calais, par suite de son séjour à Arras au moment de la création de plusieurs charbonnages très-prospères aujourd'hui. Or, ces actions vendues par lui pour faire face aux besoins de sa concession sur le prix de 1000, 1,200 et 1,800 fr. au plus, valent aujourd'hui 9,000 francs, 20,000 francs et même 25,000 francs.

Nous pourrions encore parler des pertes sur la vente sur saisie de son mobilier, de son hôtel à Paris, de tous les immeubles de Mme Garnier, mais sans entrer dans plus de détails, à cet égard, nous allons nous expliquer sur le compte en lui-même.

23. — Et d'abord, il ne faut pas perdre de vue que la situation de M. Garnier étant aujourd'hui purement juridique, par suite des diverses conventions intervenues entre le gouvernement et lui, de 1873 à 1877, le compte qu'il a dressé est d'ordre purement moral, en ce que, en sa qualité de concessionnaire, il ne doit de compte à personne, pas même aux actionnaires Dauchez de la Chaise, depuis qu'on a englobé la somme de 250,000 fr. qui avait été accordée à titre de compensation pour ceux-ci dans le chiffre de sa subvention personnelle.

Dès lors, le taux de 8 pour 100 auquel est porté l'intérêt des sommes dépensées par lui, ne doit pas être considéré au point de vue de son admission possible dans un compte à faire accepter, mais seulement de sa justification dans un compte de dépenses à établir.

24. — Or, rien n'est plus facile à justifier que ce taux de 8 pour 100, attendu que les quatre emprunts qu'il a contractés : celui de 250,000 francs à la Caisse industrielle du Nord, a eu lieu au taux de 6 pour 100, plus 1 pour 100 de commission avec règlement trimestriel, ce qui, en Banque, représente du 8 pour 100; celui de 400,000 francs au Crédit Rural a eu lieu aux mêmes conditions; celui de 160,000 francs, à M. Etienne a eu lieu au taux de 9 pour 100; enfin, celui de 250,000 francs au Crédit agricole a eu lieu au taux de 6 pour 100 avec règlement trimestriel, ce qui représente du 7 pour 100.

De plus, il était stipulé dans chacun de ces emprunts, que lorsque le taux d'escompte de la Banque de France serait supérieur à 6 pour 100, ce serait ce taux qui servirait de base; or, depuis la date de ces emprunts qui se trouvent augmentés aujourd'hui de la somme énorme des intérêts qu'ils ont produits, le taux d'escompte de la Banque de France a été souvent de 8, 9 et même 10 pour 100.

25. — Il ne s'agit là que des emprunts réguliers, mais en dehors de ces emprunts, nous avons eu à faire escompter pour M. Garnier pour des sommes énormes de billets, pour lesquels notre responsabilité personnelle était engagée, en ce que, aux termes de notre traité, ces billets qui étaient tirés sur nous, en notre qualité d'administrateur, étaient toujours acceptés par nous. Or, ces billets n'ont jamais été escomptés au-dessous de 12 pour 100, parce que les maisons sérieuses de banque ne les acceptaient pas, à cause des difficultés pécuniaires que les faillites successives des entrepreneurs Honoré Marie et Marie-Garnier avaient créées et de la mauvaise réputation qu'elles avaient faites à l'entreprise du canal de Gap.

Donc, le taux de 8 pour 100 que M. Garnier fait entrer en ligne de compte, est, en définitive, au-dessous de la réalité.

26. — Une autre nature de dépense qui a été souvent critiquée, nous le savons, par l'Administration, est celle relative aux travaux des entrepreneurs faillis. Eh bien! elle est plus que justifiée par les pièces annexées au compte qu'en fait M. Garnier, pièces que nous connaissons d'ailleurs de longue date, en ce que nous en avons été longtemps détenteur; au surplus, leur authenticité ne peut plus être contestée, attendu qu'il n'y en a pas une qui n'ait acquis date certaine par la mort de son ou de ses signataires : MM. Delacave Honoré Marie, Garnier fils, Marie et Garnier pères, sont tous, en effet, décédés depuis plus ou moins de temps.

27. — Mais voici où la preuve éclate sans que la contradiction soit possible : en 1877, les entrepreneurs Marie et Garnier pères, 12 ans après la validation par la Cour de Grenoble de la transaction intervenue entre le syndic de leur faillite et M. Garnier, ont intenté à celui-ci devant le tribunal de première instance de la Seine, une action en expertise de leurs travaux, et leur action a été admise, malgré la transaction, parce que M. Garnier n'avait pas été partie au procès qu'ils avaient intenté à ce sujet à leur syndic.

Ils avaient produit, d'après l'expertise de leurs travaux, une évaluation de 900,000 fr., mais ils prétendaient que les travaux de restauration faits par le séquestre démontraient que ceux qu'ils avaient faits avaient une valeur bien supérieure à 900,000 francs.

M. Garnier a établi qu'il avait payé pour le compte des entrepreneurs ou versé entre leurs mains ou fait l'abandon à leur faillite, de sommes s'élevant ensemble à 903,587 fr. pour des travaux qu'ils n'évaluaient eux-mêmes qu'à 900,000 francs, et que, dès lors, il ne pouvait y avoir lieu à expertise. Par suite, il a gagné successivement son procès devant la première chambre du tribunal, présidée par le premier président, M. Aubépin, et devant la première chambre de la Cour d'appel, présidée aussi par le premier président, M. Larombière.

28. — Voici la preuve qu'il a faite :

En premier lieu, il a établi par un certificat de M. Delacave, avoué, pièce ayant un caractère d'autant plus authentique qu'elle avait acquis date certaine par la mort du signataire, que celui-ci avait produit pour conclure avec la faillite la transaction de 1867, pour 309,000 francs de payements faits pour le compte des entrepreneurs depuis l'origine de leurs travaux, c'est-à-dire depuis le 24 août 1864 jusqu'au 1ᵉʳ septembre 1865, date de la cessation de leurs payements. Ce certificat remplaçait les titres qui ne pouvaient être représentés par M. Garnier, attendu qu'ils avaient été annexés au dossier de la transaction, ci. . . . . 309.000 fr.

En second lieu, il a établi par le titre même de la transaction qu'il avait payé à la faillite une indemnité de. 90.000

En troisième lieu, passant aux travaux postérieurs au 1ᵉʳ septembre 1865, date de la suspension de payement des entrepreneurs, au 1ᵉʳ septembre 1866, date de leur mise en faillite, il a produit : 1° pour 125,000 francs d'avances à eux faites sur reconnaissances et billets, ci 125.000

2° Pour 224,587 de versements faits pour la paye des ouvriers par M. Depêtre 224.587

748.587 fr.

Ces 748,587 francs établis par la série des titres qui figurent aux pièces annexes de son compte, sous les nᵒˢ 7 pour. . . . . 40.000 fr.
8 — 309.000
11 — 16.000
13 — 224.587
15 — 34.000
16 — 35.000
21 — 90.000

Total égal. 748.587 fr.

se trouvent encore justifiés par la preuve de la preuve si nous pouvons nous exprimer ainsi.

En effet, une note d'audience écrite de la main de Mᵉ Dutard, l'avocat qui a plaidé pour M. Garnier et certifiée par l'avoué, résume toutes ces pièces par une addition s'élevant à 748,587 (voir pièces sous le nᵒ 9). Or, toutes les pièces du dossier de M. Garnier ont été communiquées aux entrepreneurs qui, loin de protester, n'ont élevé pour toute objection que la prétention que les travaux du séquestre donnant la preuve d'une valeur supérieure à 900,000 francs, il y avait lieu à expertise pour établir la vraie valeur de leurs travaux. L'importance de 748,587 francs des payements faits par M. Garnier pour le compte des entrepreneurs est donc démontrée, non-seulement par les titres mêmes de ces payements, mais encore par l'acquiescement des entrepreneurs eux-mêmes. Dès lors, il y a preuve sur preuve et il n'y a plus de contestation possible sur ces. . . 748.587 fr.

Si à cette somme on ajoute les 75,000 francs de dommages-intérêts, auxquels les entrepreneurs avaient été condamnés au profit de M. Garnier et dont celui-ci a fait l'abandon à la faillite, suivant l'acte de transaction (voir pièces, annexe du compte nᵒ 21) ci. 75.000

Et le premier à-compte de 80,000 francs sur la subvention que M. Depêtre a versé entre les mains de entrepreneurs suivant leur quittance (pièce du Compte nᵒ 9). 80.000

On retrouve bien la somme de. . . . . 903.587 fr.

dont M. Garnier a justifié le payement ou l'abandon comme représentant la valeur de 900,000 francs attribuée à leurs travaux par les entrepreneurs eux-mêmes.

Ainsi, aucune contestation ne peut s'élever dorénavant sur l'importance des sommes payées par M. Garnier pour les travaux des entrepreneurs Honoré Marie, Guillaume Marie et Garnier à partir du 24 août 1864, jour de l'inauguration de leurs travaux jusqu'au 1er septembre 1866 date de leur mise en faillite.

29. — Quant aux surplus des dépenses accusées par M. Garnier il n'y a pas de contradiction possible, car elles résultent de titres incontestables et incontestés que nous nous dispensons d'analyser et qui sont joints au dossier des pièces annexes,

30. — Nous savons que l'on s'étonne de l'importance des sommes accusées par M. Garnier, comme découvert de dépenses, en présence de l'importance des subventions encaissées par lui. Tout cela vient de ce que, en ajoutant toujours les solutions définitives, on ne se préoccupe jamais de la puissance qu'acquiert l'accumulation des intérêts sur un capital quelconque lorsque ce capital reste longtemps sans être remboursé.

C'est ainsi que les subventions considérables accordées à M. Garnier n'ont commencé à prendre une importance réelle pour lui, qu'à partir du 20 août 1869. Or, à ce moment là, déduction faite des 750,000 francs de subvention encaissés, il était déjà en avance, d'après son compte, intérêts compris, de 2,147,288.

31. — Maintenant que nous avons justifié de l'importance des dépenses qu'a accusées M. Garnier, nous allons justifier de l'importance de celles qu'il n'a pas accusées pour prouver que son compte est, en définitive, sensiblement en dessous de la réalité, ainsi que nous l'avons dit plus haut.

Il est bien entendu qu'il ne sera pas question ici des pertes énormes qu'il a faites par suite de réalisations de valeurs, ce serait peut-être difficile à supputer exactement, mais rien n'eut été plus facile, car nous avons en mains toutes les indications nécessaires pour cela, que de prouver qu'en dehors des 8 p. 100 adoptés par M. Garnier pour le taux de l'intérêt qu'il fait entrer en ligne de compte, il a eu à supporter des escomptes d'une moyenne de 12 p. 100 qui, réunis, formeraient une somme considérable.

De plus, dans son rapport au préfet, du 24 juin 1872, figurait un article de 3,800 francs pour frais d'actes notariés, pour obligations et autres, d'actes de procédure, d'expertise, d'arbitrage, de procès, etc. On peut bien supposer que la multitude de procès et l'énormité des frais de poursuites qu'il a eu à subir depuis cette époque jusqu'à ce jour a certainemt triplé cette somme.

Or, comme il eût fallu réunir une multitude de matériaux et produire une liasse de plus de 30 centimètres d'épaisseur de papier timbré pour justifier de tout cela, M. Garnier a trouvé plus simple de ne porter en dépense que la somme de 31,000 francs, dans laquelle les droits d'enregistrement et les honoraires des notaires, *de ses seuls emprunts*, entrent pour 21,500 francs, qui, joints aux frais *d'une seule* expropriation dont il a été victime, celle de son château, forment les 31,000 francs qu'il a fait entrer en ligne de compte.

De même encore, comme il eût été très-long d'établir le compte, *bien réel cependant*, des 25,000 francs qui forment le n° 22 du compte qui a fait l'objet de son rapport du 21 juin 1871. Il a laissé cette somme de côté.

Signalons encore une dernière lacune, celle de plus de 40,000 francs d'intérêts et de remboursements de capital que M. Garnier a payés de ses deniers aux actionnaires du canal, dans le cours des années 1865 et 1866 pour éviter des difficultés qui auraient pu compromettre la Société, et nous nous croirons autorisés à dire que si au capital de toutes ces omissions volontaires, on ajoutait la capitalisation des intérêts dont il a été productif, on arriverait à une *augmentation très-considérable*, dans le découvert de ses dépenses accusé par le compte qu'il vient de dresser.

32. — En résumé, dans le compte qu'il a établi, M. Garnier a supprimé tout aliment à la contradiction; il a voulu ne marcher *que sur preuves*, parce qu'il a tenu à étouffer, *une fois pour toute*, toutes ces suppositions attentatoires à son caractère, qui, bien que dissimulées sous des formes plus ou moins adoucies, ne cessent depuis longtemps de s'attacher à ses actes envers l'Administration. Ce sont ces suppositions, qui sont à coup sûr, le plus sérieux obstacle à ce qu'il soit fait le droit que la justice réclame à ses revendications les plus légitimes.

Le tort qu'il a eu, *et nous n'hésitons pas à le constater*, ça été de ne jamais s'être attaché à présenter un compte rigoureusement exact, un vrai compte de banque avec calculs d'intérêts jour par jour, comme celui que nous avons sous les yeux. Au lieu de cela, comme il ne connaissait le plus souvent guère mieux sa situation financière à Paris, que la situation de ses travaux à Gap, il a pu relever, au courant de la plume, et sans s'en rendre aucun compte sérieux, à l'avance des articles de dépenses qui, tout en étant toujours dans *leur ensemble*, fort au-dessous de la réalité, ont pu, *les rancunes de ses adversaires politiques, aidant puissamment*, soulever des défiances parce qu'ils n'étaient pas concordants. En un mot, M. Garnier se sachant en perte énorme au regard de sa concession, n'a cessé de protester, mais comme il ne faisait rien de ce qu'il aurait fallu faire pour appuyer ses protestations sur de sérieux états, il a toujours protesté dans le vide.

33. — Aujourd'hui, il est matériellement impossible de ne pas constater que rien n'a été laissé à l'arbitraire dans le compte qu'il a dressé. Tout y est démontré, prouvé, plus que prouvé; et s'il est, on ne peut plus facile d'y constater des lacunes ce ne sont que des lacunes volontaires qui existent à son préjudice. En tout état de cause, s'il a pu y avoir des erreurs dans le passé, *comme erreur ne fait pas compte*, on est invariablement forcé de reconnaître que les réclamations de M. Garnier n'ont, malheureusement pour lui, jamais été que trop fondées.

Signé : LAURENS.

Toulon, le 3 mai 1880.

DÉPARTEMENT

DES

HAUTES-ALPES

—

Commune

d

CANAL DU DRAC

POUR

L'IRRIGATION DU BASSIN DU GAP

ACTE D'ENGAGEMENT

Titre 1er. — Objet de l'engagement

ARTICLE PREMIER.

Le présent engagement a pour objet : 1° La construction par voie de concession, d'un canal d'arrosage à dériver du Drac, rive gauche, commune de Saint-Jean-Saint-Nicolas, pour l'irrigation d'une partie du territoire des communes de Romette, la Rochette, Gap, la Freissinouse, la Roche-des-Arnauds, Manteyer, Pelleautier, Neffes, Sigoyer, la Bâtie-Neuve, la Bâtie-Vieille, Rambaud, Châteauvieux et Tallard ; et 2° la constitution d'une Association syndicale pour l'entretien de ce canal et de ses dépendances par les propriétaires intéressés, sitôt après son achèvement par le concessionnaire.

Cette Association se composera de tous les propriétaires de fonds arrosables par ledit Canal et qui voudront souscrire.

Titre 2. — Conditions de l'engagement envers le concessionnaire

ART. 2.

Chaque propriétaire souscrira pour une superficie déterminée de terrain ; l'unité arrosable est l'hectare et peut être fractionnée.

ART. 3.

Chaque propriétaire déclarera la contenance pour laquelle il désire s'engager et sur quel domaine ou quelles parcelles il entend faire porter ou répartir l'arrosage. Il jouira de l'eau à son gré et pour l'usage qui lui conviendra, du moment qu'elle aura été amenée à la limite de sa propriété, à la seule condition de se conformer aux lois et règlements sur la police des eaux. Il aura la faculté d'attribuer l'arrosage à telle portion de son fonds qu'il lui plaira, et même d'employer la quantité d'eau afférente au montant de sa souscription à une plus grande superficie que celle pour laquelle il l'aura prise.

ART. 4.

Dans le cas où des terrains ne pourraient être arrosés par suite de l'élévation de leur niveau au-dessus des canaux environnants, il est stipulé que l'engagement du propriétaire souscripteur, quant à ces terrains, serait considéré comme non avenu.

ART. 5.

Le concessionnaire sera tenu de construire, à ses frais, le canal principal et tous les canaux secondaires et de distribution, de façon à conduire l'eau à la limite de la propriété de l'arrosant.

Il sera dégagé de toute obligation, un mois après que l'eau aura été amenée à la limite de chaque propriété arrosable et lorsque la réception des travaux aura été ensuite approuvée par M. le ministre de l'Agriculture, du Commerce et des Travaux publics.

Le concessionnaire exigera de ses entrepreneurs une garantie d'un an après l'achèvement des travaux, et subrogera le syndicat à ses droits jusqu'à l'expiration de ce délai, après qu'il aura été lui-même délié de ses obligations

ART. 6.

Le droit à l'arrosage et toutes les charges qui en découlent sont inhérents à l'immeuble et en forment un accessoire qui le suit en quelques mains qu'il passe. En conséquence, chaque souscripteur est engagé envers le concessionnaire et pendant la durée de la concession, pour lui, ses ayants droit et successeurs, à raison des obligations par lui contractées, à payer une redevance annuelle audit concessionnaire pour dédommager celui-ci des dépenses qu'il prend à sa charge. En un mot, le fonds même est engagé et la personne ne l'est qu'à raison de la possession de ce fonds.

Les actes d'engagement seront enregistrés et transcrits au bureau des hypothèques, lorsque l'utilité publique de l'entreprise aura été déclarée.

ART. 7.

Le prix de la redevance annuelle est fixé à vingt-trois francs par hectare, pendant cinquante ans, pour les propriétaires qui souscriront avant que le décret de concession ait été rendu, jusqu'à concurrence d'une superficie totale de quatre mille hectares réellement arrosables.

Il sera augmenté de moitié, ou soit, porté à trente-quatre francs cinquante centimes, pour ceux qui s'engageront après la délivrance de la concession.

Les premiers souscripteurs qui désireront, après l'acte de concession, augmenter l'étendue de leurs arrosages, seront soumis, pour toute l'étendue dépassant celle de leur souscription primitive, aux mêmes conditions que les propriétaires qui ne se présenteront qu'après l'accomplissement de cet acte.

Cette redevance ne courra, pour la totalité des contenances engagées, que du jour où l'eau aura été amenée, d'une manière utile, à la limite de chaque propriété. Elle sera exigible par douzièmes et par mois, comme les contributions publiques (art. 25 de la loi de finances du 23 juin 1857), d'après un ou plusieurs rôles approuvés par M. le Préfet. Les frais de rédaction et de perception de ces rôles resteront à la charge du syndicat des arrosants.

ART. 8.

Le volume d'eau auquel aura droit chaque arrosant sera de six cent quatre mètres cubes d'eau par hectare et par semaine. Il représente une couche d'eau répartie uniformément de six centimètres d'épaisseur et un débit continu d'un litre par hectare et par seconde.

Ce volume sera considéré comme délivré péremptoirement lorsque l'eau aura atteint, à la traversée des ouvrages régulateurs prescrits par l'administration, la hauteur déterminée par le cahier des charges, le lit du canal étant d'ailleurs curé à vif fond. Il ne sera pas admis d'autre mode de mesurage.

Les pertes par filtrations et par évaporation ou autres seront subies par les arrosants.

Dans le cas exceptionnellement rare où, vers la fin de la saison des arrosages, la quantité d'eau disponible dans le Drac ne permettrait pas d'introduire dans le canal tout le volume déterminé plus haut, il serait fait entre les arrosants une réduction proportionnelle, sans que pour cela le montant de la redevance en fût diminué.

ART. 9.

Chaque souscripteur donne, dès aujourd'hui et par son adhésion au présent acte, au syndicat dont il sera parlé à l'art. 14, le mandat de remplir, aussitôt après la réception du canal, toutes les conditions et toutes les formalités nécessaires pour contracter solidairement auprès du Crédit Foncier un emprunt dont le service, intérêts, commission et amortissement compris, ne devra pas exiger une somme supérieure au montant des annuités.

Le concessionnaire prend l'engagement de donner quittance au syndicat, pour solde des travaux, moyennant versement entre ses mains du montant de cet emprunt, dont néanmoins les arrosants n'entendent pas garantir le succès.

ART. 10.

Il demeure entendu que, dès que le concessionnaire aura été remboursé, tous les bénéfices que le syndicat pourra retirer de l'exploitation de l'eau seront au profit des arrosants associés.

Art. 11.

Chaque souscripteur s'engage à concéder à l'amiable la servitude de passage sur son fonds, pour l'établissement des canaux secondaires et de distribution ; si, contre toute attente, il était impossible de tomber d'accord, il consent à ce que l'indemnité soit fixée par deux arbitres du choix des deux parties ; en cas de désaccord entre eux, il en sera désigné un troisième par le président du tribunal civil de Gap. Ces arbitres statueront comme amiables compositeurs et leurs décisions ne seront pas sujettes à recours ni appel.

Seront considérés comme secondaires et de distribution, tous les canaux du bassin de Gap, autres que ceux qui forment la ceinture supérieure ou périmètre du territoire arrosable.

Titre 3. — Conditions de l'engagement des propriétaires souscripteurs entre eux

Art. 12.

Sont à la charge individuelle des souscripteurs :

1° La construction et l'entretien des rigoles et canaux intérieurs à chaque propriété et servant à l'usage exclusif de cette propriété ;

2° La reconstruction et l'entretien de la bouche d'eau destinée à alimenter ces derniers, et à pratiquer sur les canaux du concessionnaire.

Art. 13.

Seront à la charge collective des arrosants, chacun proportionnellement aux contenances qu'il aura engagées, et à partir du jour où la réception des travaux du concessionnaire aura été approuvée par M. le Ministre :

1° L'entretien et l'alimentation de la prise d'eau au Drac ;

2° L'entretien des canaux construits par le concessionnaire et des ouvrages qui en dépendent, la conduite et la distribution des eaux sur tout le territoire arrosable, ainsi que les dépenses d'administration et de recouvrement et, en général, toutes celles que comportent cet entretien et cette distribution ;

3° La construction et l'entretien des canaux nécessaires à l'écoulement des eaux superflues ou colatures, ainsi que les dommages que ces eaux pourraient causer.

Art. 14.

A l'effet d'assurer les dispositions de l'art. 13 ci-dessus, et spécialement en vue de ces dispositions, les souscripteurs entendent former une association, régie par un syndicat constitué administrativement, auquel ils donnent mandat de poursuivre le développement et de veiller à la conservation de leurs intérêts, se soumettant d'ailleurs au règlement d'administration publique qui sera rendu à cet égard, par le gouvernement, concurremment avec le décret de concession à intervenir.

Art. 15.

- Le payement des taxes annuelles mises par l'art. 13 à la charge collective des intéressés sera, comme celui des annuités, exigibles par douzièmes et par mois, d'après un ou plusieurs rôles distincts préparés à la diligence du syndicat et approuvés par M. le préfet (loi du 14 floréal, an XI).

Titre 4. — Dispositions générales

Art. 16.

Chaque souscripteur sera dégagé des obligations qu'il aura contractées, si, dans un délais de huit ans, à dater du jour de sa souscription, l'eau n'est pas conduite à la limite de sa propriété et mise à sa disposition.

Art. 17.

Il s'engage, en outre, à se conformer à toutes les conditions qui seront spécifiées dans le cahier des charges annexé au décret de concession, mais en tant qu'elles ne dérogeraient pas aux stipulations qui précèdent.

Art. 18.

Après l'approbation de la réception des travaux par le Ministre, l'association des arrosants sera saisie des canaux construits par le concessionnaire, le tout aux conditions imposées à ce dernier par le décret de concession.

ANNEXE Nº 3

LETTRE MINISTÉRIELLE

CONTENANT LA CONVENTION DU 3 MAI 1873.

Paris, le 3 mai 1873.

Monsieur,

J'ai examiné en Conseil général des ponts et chaussées la question de la mise sous séquestre du canal de Gap.

Le Conseil a pensé que cette mise sous séquestre serait la mesure la plus efficace à prendre pour sauvegarder les divers intérêts engagés dans l'opération et il a proposé de l'appliquer aux conditions suivantes :

PREMIÈRE PARTIE
Conditions de la mise sous séquestre.

Le canal sera entretenu et exploité sous la direction du Ministre des Travaux publics.

M.   est nommé Administrateur du séquestre.

Il sera procédé immédiatement par un inspecteur général des ponts et chaussées à la constatation des travaux du canal au jour de l'établissement du séquestre.

Le séquestre pourvoira à la continuation des travaux jusqu'à complet achèvement du canal et à sa mise en activité, *mais, au préalable, les propriétaires intéressés devront souscrire des engagements nouveaux d'arrosage,* aux conditions qui seront déterminées par le Ministre des Travaux publics, sous réserve de l'approbation, s'il y a lieu, par un décret rendu en Conseil d'Etat, de celles de ces conditions qui pourraient être contraires au décret de concession.

Ces nouveaux engagements devront comprendre en totalité une superficie d'au moins deux mille cinq cents hectares reconnus arrosables.

La dépense d'achèvement du canal et généralement de tous les travaux nécessaires pour porter l'eau en tête de chaque propriété souscrite à l'arrosage sera imputée, *à titre de subvention complémentaire,* sur les fonds affectés annuellement aux travaux d'améliorations agricoles par le budget du Ministre des Travaux publics.

Les produits annuels de toute nature du canal seront perçus par l'administration du séquestre, nonobstant toutes oppositions ou saisies-arrêts.

Ceux de ses produits qui resteraient disponibles, après avoir pourvu aux frais d'entretien et d'exploitation du canal, conformément aux nouveaux engagements des propriétaires, seront remis au concessionnaire ou à ses ayants droit.

Les droits et les intérêts des tiers sont et demeurent formellement réservés.

Relativement aux nouveaux engagements d'arrosage à souscrire par les intéressés, le conseil a proposé d'adopter les dispositions ci-après :

DEUXIÈME PARTIE
Nouveaux engage-
ments d'arrosage.

ARTICLE PREMIER.

Les souscriptions seront reçues aux conditions suivantes :

ART. 2.

Chaque propriétaire souscrira pour une superficie déterminée de terrain. L'unité arrosable est l'hectare et ne peut être fractionnée.

ART. 3.

Il désignera les parcelles cadastrales sur lesquelles il entend appliquer sa souscription. *Il ne pourra employer le volume d'eau auquel il aura droit qu'à l'arrosage des parcelles souscrites;* il ne pourra non plus céder à des tiers tout ou partie de sa souscription.

ART. 4.

Dans le cas où les terrains ne pourraient être arrosés par suite de l'élévation de leur niveau au-dessus des canaux environnants, il est stipulé que l'engagement du propriétaire souscripteur, quant à ces terrains, serait considéré comme non avenu.

ART. 5.

L'Administration du séquestre fera construire, à ses frais, tous les canaux nécessaires pour amener l'eau à la limite de la propriété de l'arrosant.

Mais l'arrosant demeure chargé de la construction et de l'entretien des rigoles et canaux intérieurs à chaque propriété, et, en outre, de la construction et de l'entretien de la bouche d'eau ou martellière de prise d'eau à pratiquer pour le service de son arrosage, sur les canaux du concessionnaire.

ART. 6.

Les eaux auxquelles auront droit les propriétaires souscripteurs leur seront distribuées par arrosages périodiques du 15 avril au 1er octobre de chaque année, à raison du débit d'un litre par seconde et par hectare représentant pour chaque hectare un volume de 604 mètres cubes d'eau par semaine.

ART. 7.

Le droit à l'arrosage et toutes les charges qui en découlent sont inhérents à l'immeuble et en forment un accessoire qui le suit en quelque main qu'il passe.

Les actes d'engagement seront enregistrés et transcrits à cet effet au bureau des hypothèques.

ART. 8.

Les arrosants seront tenus de se conformer aux lois et règlements sur la police des eaux et à tous les règlements qui seront faits par le préfet pour la conservation des canaux, l'emploi et la distribution des eaux entre les différents usagers.

ART. 9.

Dans le cas où, pour un motif quelconque, il ne serait pas possible d'introduire dans le canal le volume d'eau nécessaire pour satisfaire complétement tous les arrosants, il serait fait entre eux une réduction proportionnelle sans que, pour cela, le montant de la redevance prescrite à l'article 13 ci-après fût diminué.

Il en sera de même pour les pertes d'eau qui viendraient à se produire dans le canal pour une cause quelconque.

Si par suite d'avaries ou de réparations, le service des arrosages venait à être interrompu pendant plus d'un mois, il serait accordé aux arrosants, pour toute indemnité, une réduction de redevance proportionnellement à la durée de l'interruption.

ART. 10.

Chaque souscripteur sera tenu de concéder gratuitement la servitude de passage sur son fonds pour l'établissement des canaux de distribution autres que ceux qui forment la ceinture supérieure ou périmètre du territoire arrosable.

ART. 11.

Les actes d'engagement seront faits pour toute la durée de la concession.

ART. 12.

Les souscripteurs formeront une association syndicale qui demeurera chargée, sous la direction de l'Administrateur du séquestre, de l'entretien du canal mère, de ses branches, de tous les canaux de distribution et des canaux de colature, ainsi que de la distribution elle-même, à partir du jour où les travaux qui restent à faire seront achevés et où le territoire pourra être arrosé. Mais toutes les dépenses ainsi faites ne pourront être payées que sur les certificats de l'administration du séquestre.

Cette association devra comprendre au moins 2,500 hectares reconnus arrosables.

Elle sera établie dans la forme des associations autorisées, conformément aux dispositions de la loi du 21 juin 1865 et aux conditions particulières du présent arrêté, lesquelles devront être insérées dans l'acte d'association.

Elle devra être définitivement constituée dans un délai de trois mois au plus, à partir du jour où le décret de mise sous séquestre du canal et le présent arrêté auront été publiés dans les communes intéressées.

ART. 13.

La taxe annuelle pour arrosage sera de quarante francs par hectare pour les parcelles de terrain qui auront été souscrites avant l'expiration du délai fixé au dernier paragraphe de l'article 12 ci-dessus, et de soixante francs pour celles qui seront souscrites après ce délai. Mais ces souscriptions noùvelles ne seront reçues qu'autant qu'il y aura encore de l'eau disponible et qu'elles pourront être desservies par le système général des rigoles de distribution conçu ou exécuté en vue de satisfaire les premiers souscripteurs.

ART. 14.

Des arrosages exceptionnels pourront être accordés aux membres de l'association, du 1er mars au 1er mai, sur la demande qu'ils en feront au directeur du syndicat, pour les terres ensemencées en céréales et non engagées à l'arrosage.

La taxe due pour ces arrosages exceptionnels sera de six francs par hectare et par arrosage.

ART. 15.

Les taxes établies pour arrosages, usines et chutes d'eau seront recouvrées au moyen de rôles rendus exécutoires par le préfet et perçus comme en matière de contributions directes.

ART. 16.

Sur les produits des taxes pour arrosages périodiques, il sera prélevé, sans pouvoir dépasser dix francs par hectare, la somme nécessaire pour acquitter les frais d'administration, de perception, d'entretien des canaux et de distribution des eaux dont le syndicat demeure chargé aux termes de l'article 12 ci-dessus.

Les taxes pour arrosages exceptionnels, pour usines et chutes d'eau et les revenus fonciers du canal pourront, en outre, s'il en est besoin, être consacrés en entier au payement desdits frais.

Dans le cas où les ressources ainsi mises à la disposition du syndicat seraient insuffisantes pour subvenir à toutes ces charges, il y serait pourvu au moyen d'un rôle supplémentaire sur les membres de l'association, sauf dans les trois premières années ou l'excédant, s'il y en a, des dépenses sur les ressources, sera imputé sur les fonds du Trésor.

La somme restant disponible sur les produits de toute nature du canal, après avoir pourvu, comme il vient d'être dit, au payement des frais d'administration, de perception, d'entretien et d'exploitation, sera remise au concessionnaire ou à ses ayants droit. *Le revenu qui lui est ainsi assuré pour l'indemniser des dépenses qu'il a faites jusqu'à ce jour ne pourra être moindre de trente francs par hectare souscrit à l'arrosage.*

Je suis disposé, Monsieur, malgré les charges nouvelles que cette combinaison imposera au Trésor, à soumettre au Conseil d'État le projet du décret à intervenir (après la mise sous séquestre) pour l'achèvement du canal de Gap; mais je vous prie, au préalable, de me transmettre votre adhésion par écrit, aux conditions formulées par le Conseil des ponts et chaussées pour l'application de cette mesure.

La solution proposée semble seule pouvoir conduire au but dont tous les intérêts engagés dans l'opération se préoccupent essentiellement, celui de rendre productives, au moyen de l'achèvement du canal, les dépenses considérables faites jusqu'ici pour la construction de cet ouvrage; il me paraîtrait impossible, d'ailleurs, d'entrer dans une voie plus large de conciliation.

Recevez, Monsieur, l'assurance de ma considération la plus distinguée.

Le Ministre des travaux publics,

Signé: DE FOURTOU.

PARIS — TYP. TOLMER ET Cᵉ, 3, RUE DE MADAME

www.ingramcontent.com/pod-product-compliance
Lightning Source LLC
Chambersburg PA
CBHW071303200326
41521CB00009B/1895